SECRETS VISIONS

Verona Mountains Landscapes

Corrado Formentini

Tutti i testi in / *All texts in*:
Italiano / *English*

In copertina / *Cover* :

Controluce / Backlight
Lessinia, 2009 – Corrado Formentini

Ultima di copertina / *Back cover :*

La Crepa nel Ghiaccio /The Rift in the Ice
Lessinia, 2010 – Corrado Formentini

Scritto e pubblicato / *Written and pubblished in* :
Gennaio / *January,* 2013

Sera,
che misteriosamente t'inscurisci nell'ora,
svelami quel tuo bianco mistero,
che pallido
languisce nel cielo.

Sera / *Evening*
Marta Valeria Saccani

Evening,
mysteriously dimming in the late hour,
unveil your white mystery,
which pale
languishes in the sky.

Prefazione

Il progetto fotografico di Corrado Formentini racchiude opere realizzate dal 2009 al 2012 sulle montagne del territorio della Lessinia in provincia di Verona. Ogni fotografia è il frutto di lunghe e accurate esplorazioni alla continua ricerca di ambienti, simboli e vibrazioni di luce, in grado di raffigurare appieno i luoghi dalla popolazione Cimbra. La Lessinia è rappresentata come un mondo di mezzo tra cielo e terra, un luogo ricco di mistero e fascino testimoniato attraverso le fotografie. Le immagini ci sussurrano pensieri profondi di vita, sono come attimi rubati alla natura silente degli ultimi monti a est dell'Adige.

Il Photoebook Secret Visions racchiude tutto questo. Ogni opera è una Visione dell'artista riprodotta in bidimensionale. Sono i luoghi più Segreti ad essere catturati, solo gli spazi più autentici e significativi fanno parte del progetto.

Gli scatti minimalisti ed essenziali raccontano in modo diretto il caratteristico paesaggio. Il bianco e nero è il linguaggio artistico scelto dall'autore che meglio aiuta a focalizzare gli elementi essenziali, le atmosfere e le texture del territorio della Lessinia. Il sole, le nuvole, gli alberi, i pendii innevati e gli antichi confini sono i protagonisti assoluti dei landscapes di Corrado Formentini.

Analizzando in dettaglio le opere notiamo l'estrema attenzione dell'artista ai particolari.
Nei primi scatti i fili d'erba che spuntano dalla neve e le punte del fil di ferro sono i simboli stessi dell'esistenza. In quelli successivi gli alberi sono i protagonisti assoluti della scena, essi sembrano dominare in solitudine la Lessinia

vincendo l'isolamento con la loro grazia. Le immagini delle "Laste", pietre usate un tempo come vecchi confini per dividere i terreni dei pascoli, evocano atmosfere che richiamano Stonehenge. I contesti cupi e tenebrosi rendono il paesaggio astratto e onirico. Nella sequenza "Tra le nuvole" le nubi somigliano a stormi di uccelli che osservano dall'alto la Lessinia come testimoni discreti dei nostri giorni.

Negli ultimi lavori del 2012 si avverte un cambiamento, l'artista sembra aver ritrovato armonia ed equilibrio interiore con il territorio, come se questo vagare dell'animo dell'autore, attraverso l'indagine del luogo, fosse finalmente giunto a termine come alla chiusura di un cerchio.

Lo stile inconfondibile emerge in ogni opera trasmettendoci emozioni e suggestioni che raccontano di spazi e luoghi senza tempo, dove l'uomo ed il paesaggio coesistono da secoli in armonia.

Lucia Amalia Maggio
Verona, Gennaio 2013

Preface

The photographic project of Corrado Formentini holds works created from 2009 to 2012 in the beautiful mountains of Lessinia nearby Verona, the city of Romeo and Juliet. Each photograph is the result of a long and careful exploration endlessly searching for surroundings, symbols and vibrations of light able to represent deeply the scenery of Cimbrian people. Lessinia is depicted as a middle world between sky and earth, a place full of mystery and charm crystallised by the photographs.

The images whisper deep thoughts of life, they are moments taken from the silent nature of the ultimate mounts east of the river Adige.

The Photoebook Secret Visions holds all of this, actually each work is a Vision of the artist portrayed bi-dimensionally. Exclusively the most Secret landscapes are caught, only the most authentic and significant spaces become part of the project.

The minimalist and essential photographs directly tell us the story of the characteristic landscape. Black and white is the aesthetic language chosen by the author that better helps us to focus on the basic elements, the atmospheres and the texture of the Lessinia surrounding.

The sun, the clouds, the trees, the snowy hillsides and the old borders are the real protagonists of the landscapes of Corrado Formentini.

If we observe carefully the works of the artist we can notice his extreme attention to details. In the first works the blades of grass coming out from the snow or the spikes of the wires are symbols of life themselves. In the following photos the trees become real protagonists of the scene, they seem to dominate the mountains in loneliness, overcoming isolation with their grace. The "Laste", stones of the rocks of the old borders once used to divide the properties of the grazing fields, create atmospheres that remind to Stonehenge. The dark and gloomy context seems to make the landscape abstract and dreamlike. In the sequence "In the Clouds" the clouds remember flocks of birds looking down on Lessinia as discreet witness of our times.

In the last works of 2012 a change is perceived, the artist seems to recover harmony and inner balance with the territory, as if the wandering of the soul of the author, through the investigation of the place, had finally come to an end as if closing the circle. The unique style comes out from every photograph conveying emotions and suggestions, which tell spaces and timeless areas, where man and environment have been living together in harmony for centuries.

Lucia Amalia Maggio
Verona, January 2013

Le Opere / *The Works*

Il Sole all'Improvviso / Suddenly the Sun
Lessinia, 2009

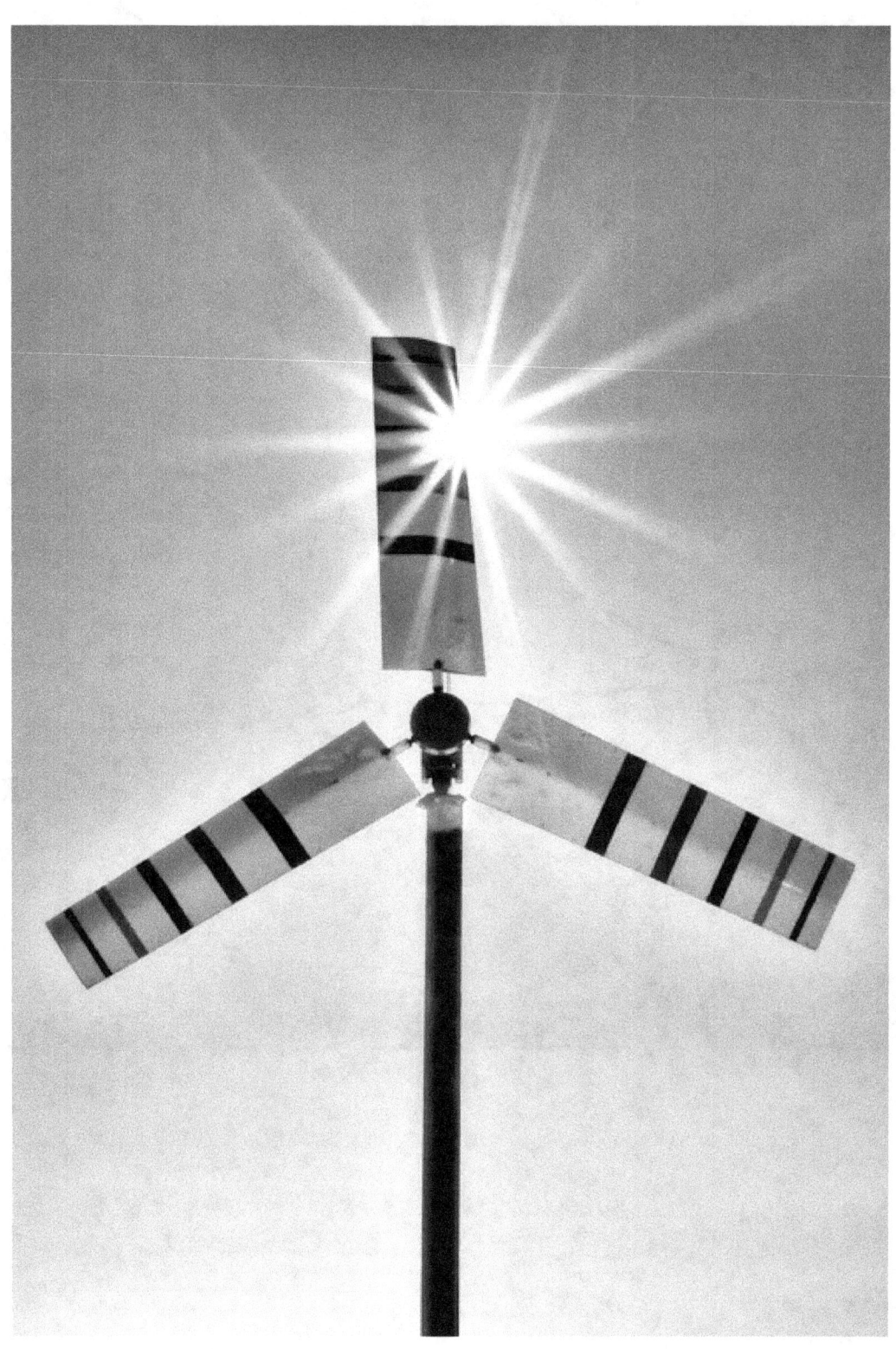

Spine tra la Neve / Thorns in the Snow
Lessinia, 2010

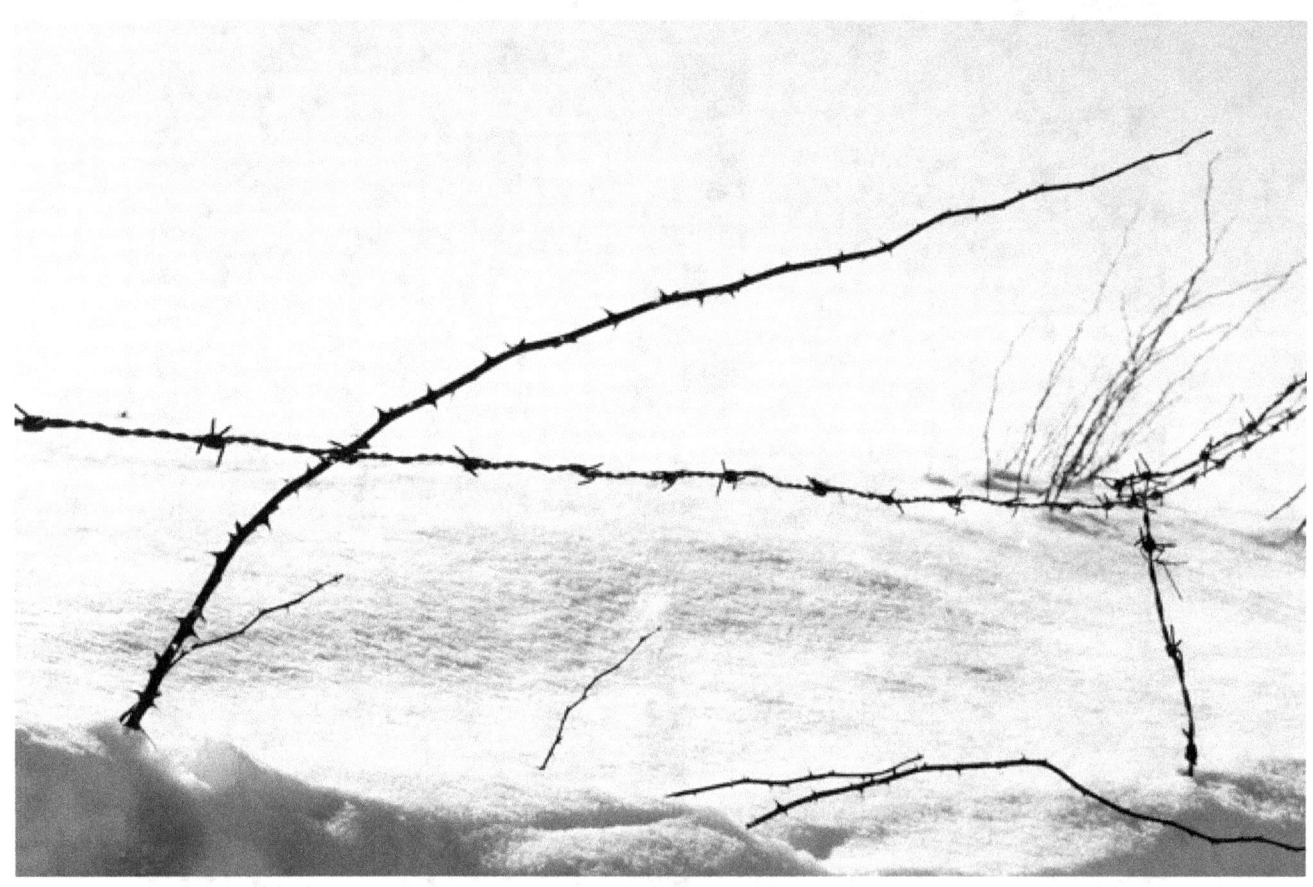

Vivo / Alive
Lessinia, 2010

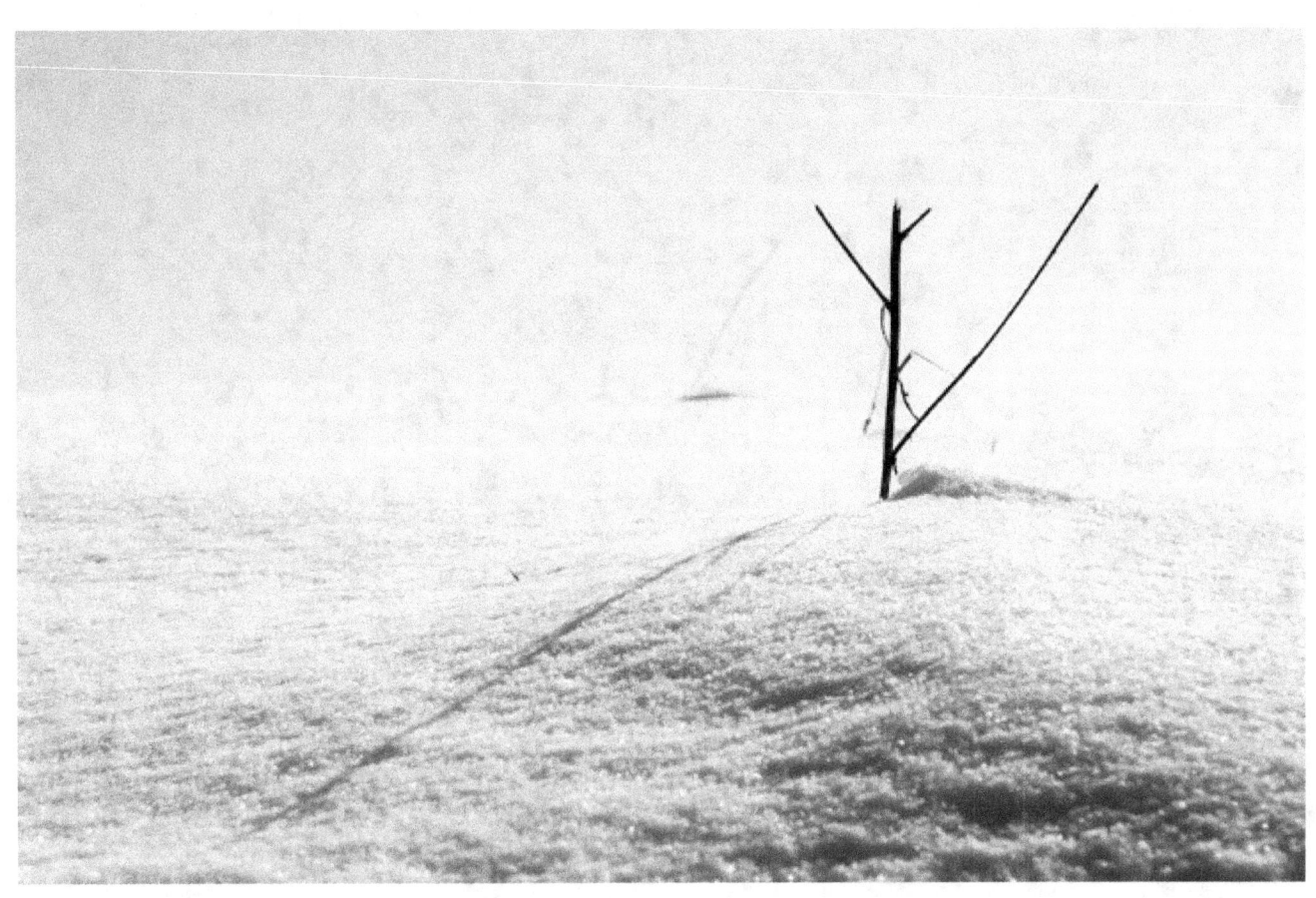

I Due Alberi / Two Trees
Lessinia, 2010

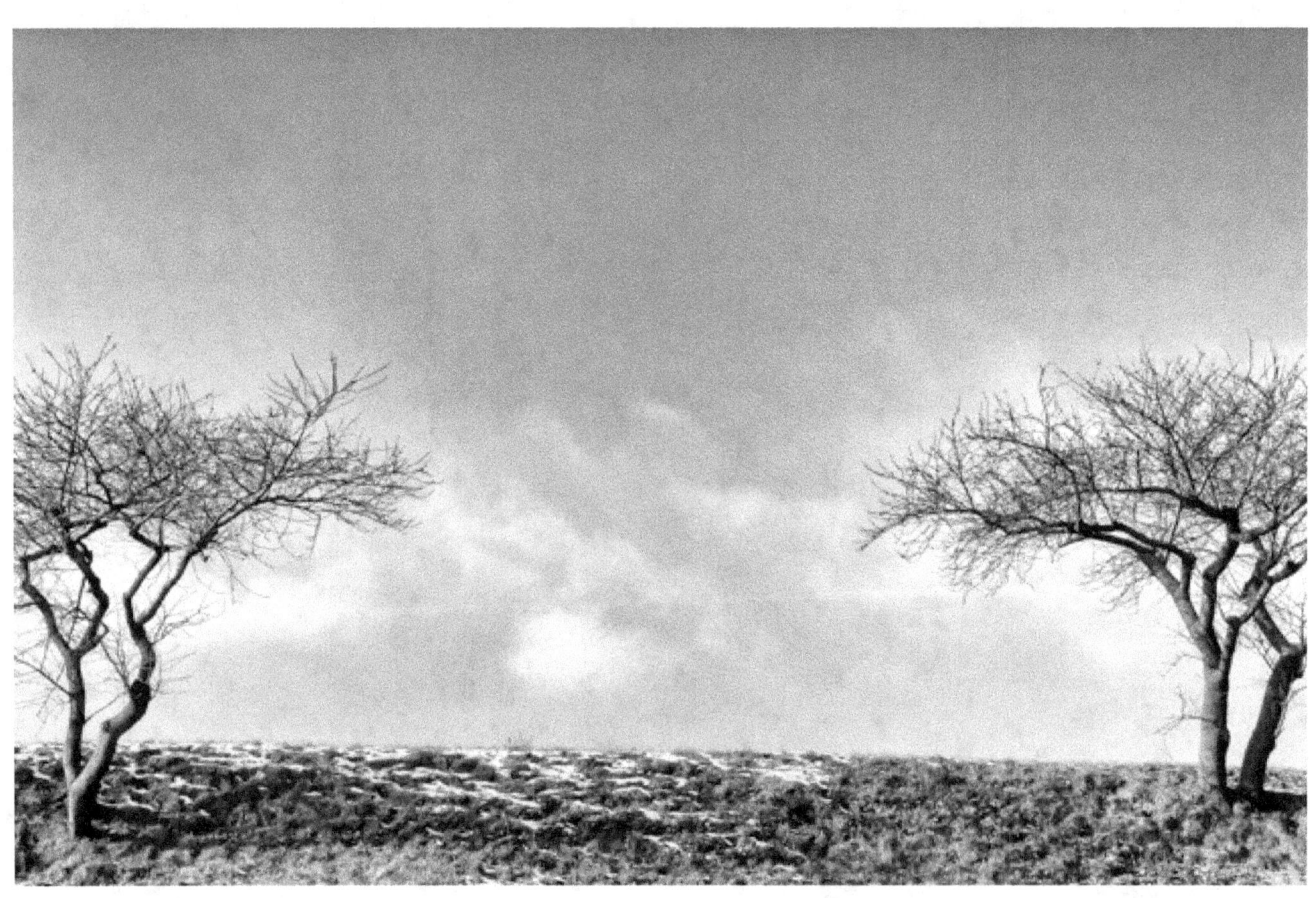

I Cinque Alberi / Five Trees
Lessinia, 2010

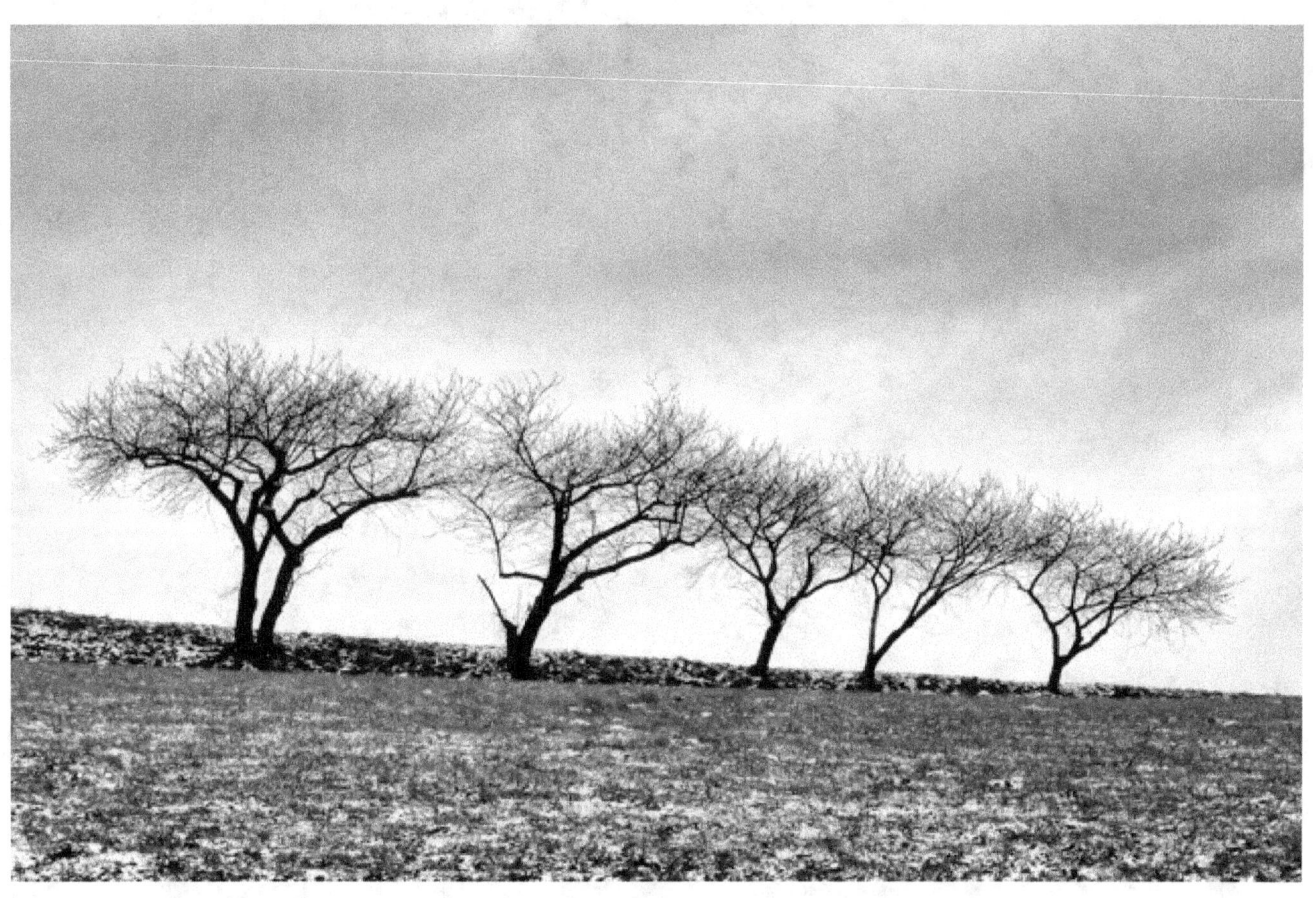

La Tana / The Lair
Lessinia, 2010

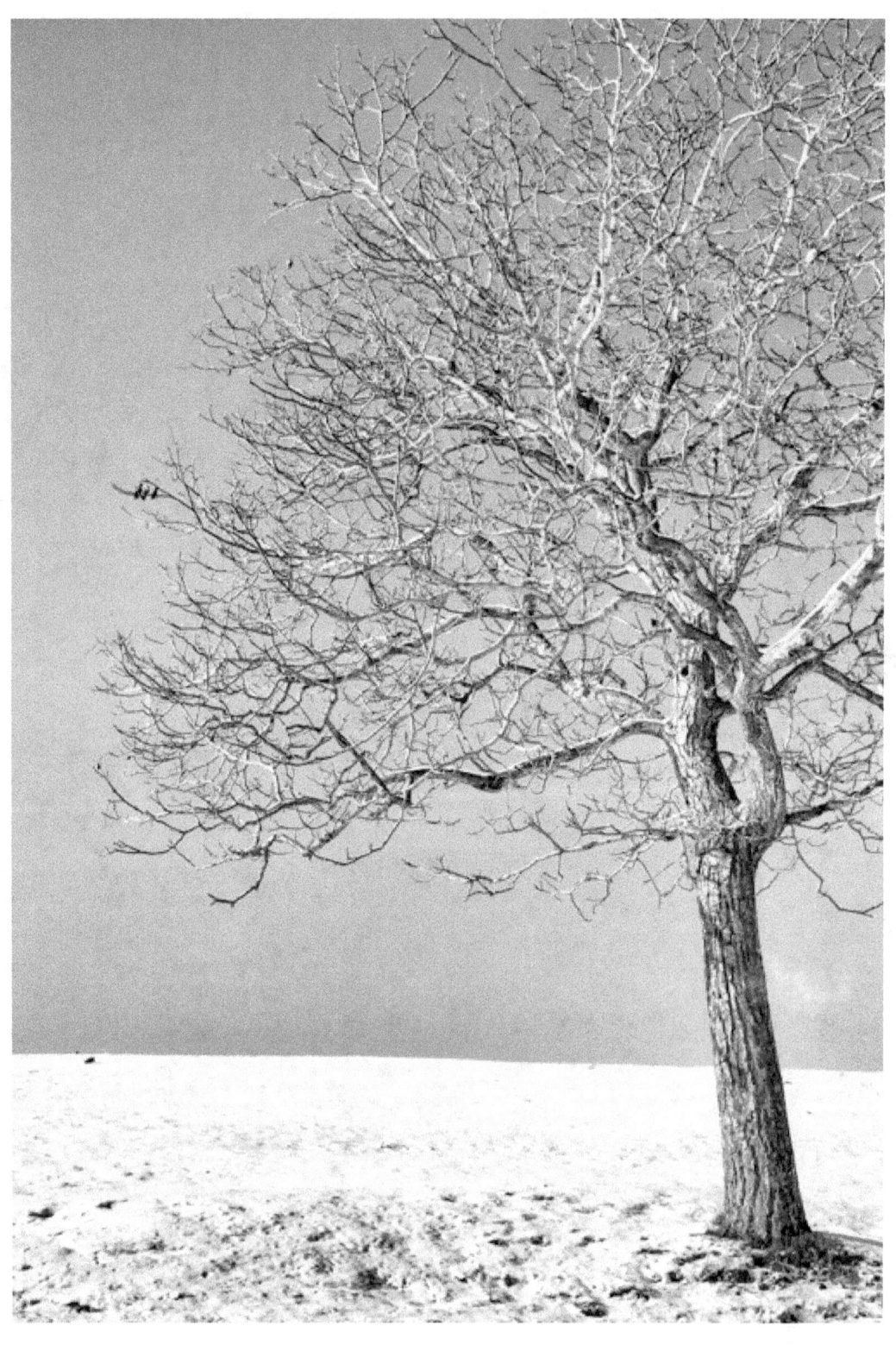

Malinconia / Melancholy
Lessinia, 2010

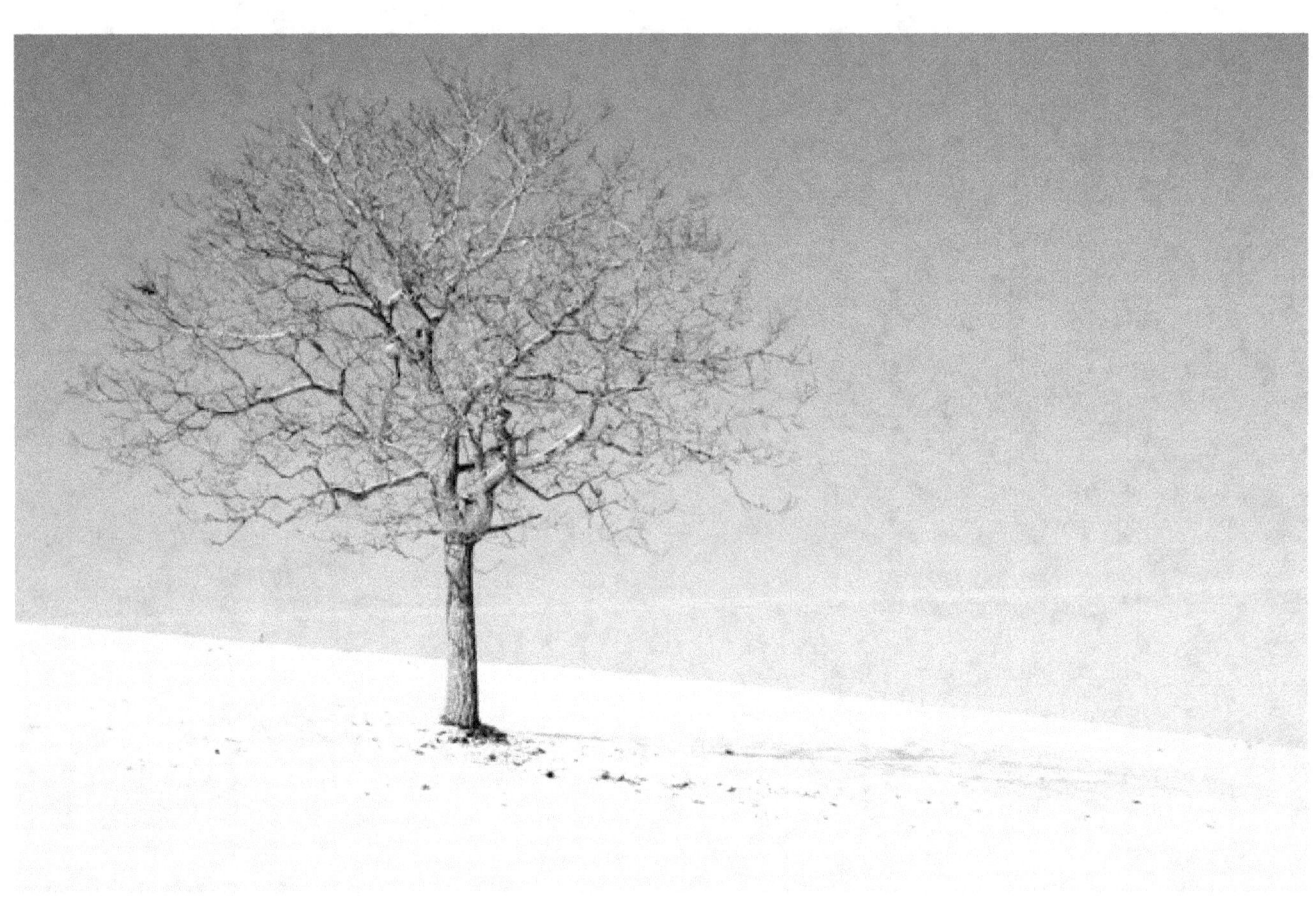

Controluce / Backlight
Lessinia, 2009

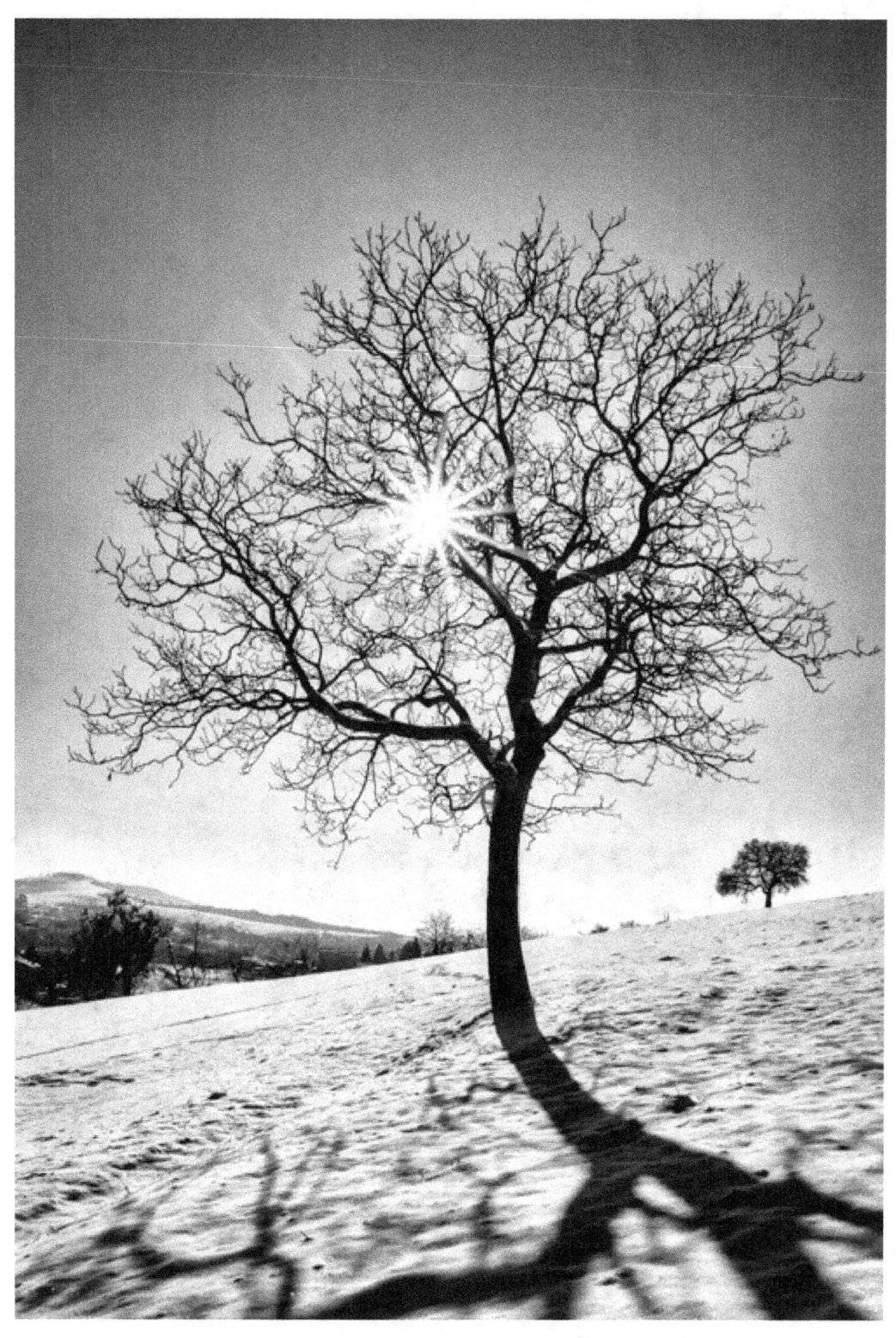

Silenzio / Silence
Lessinia, 2011

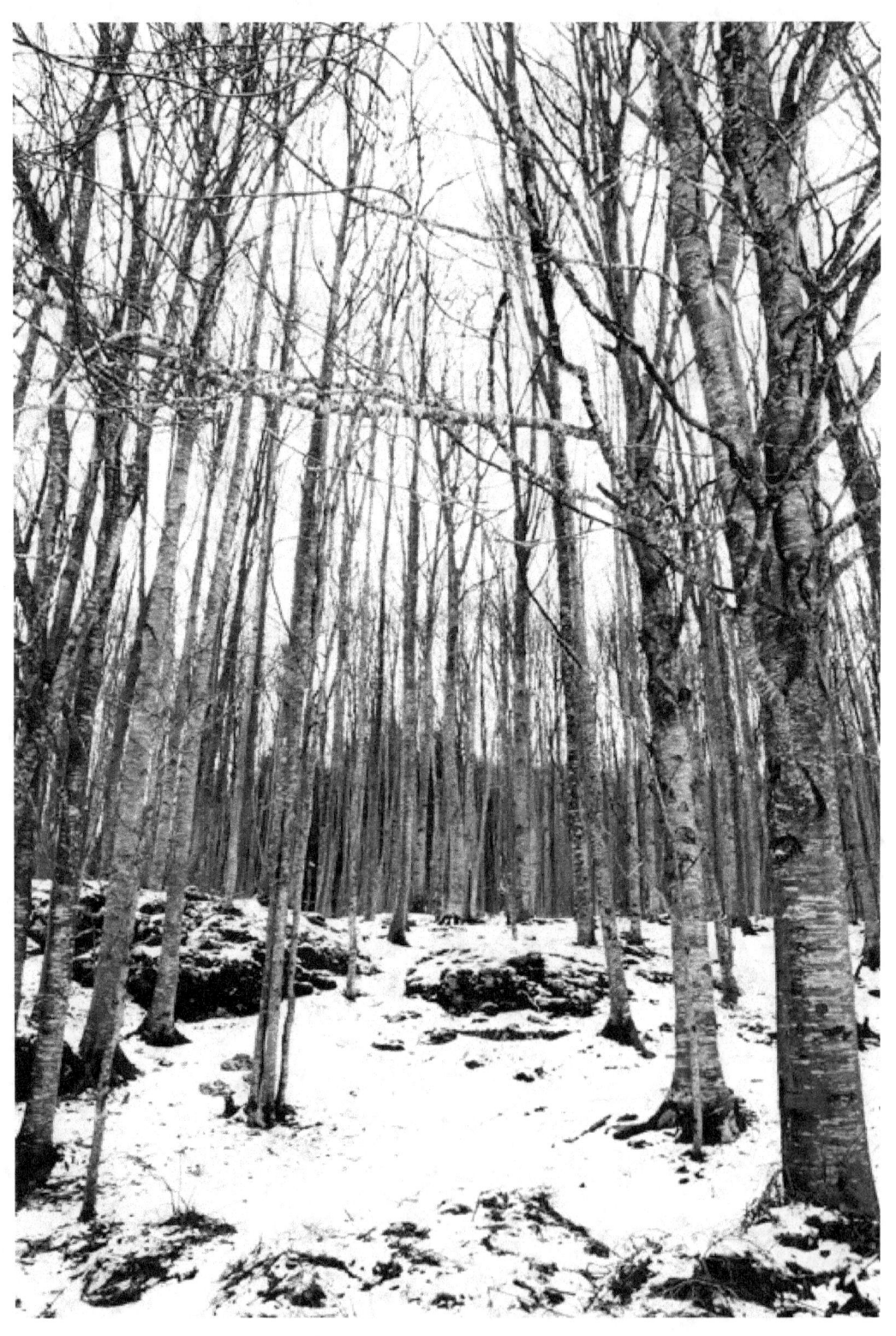

Il Confine / The Border
Lessinia, 2011

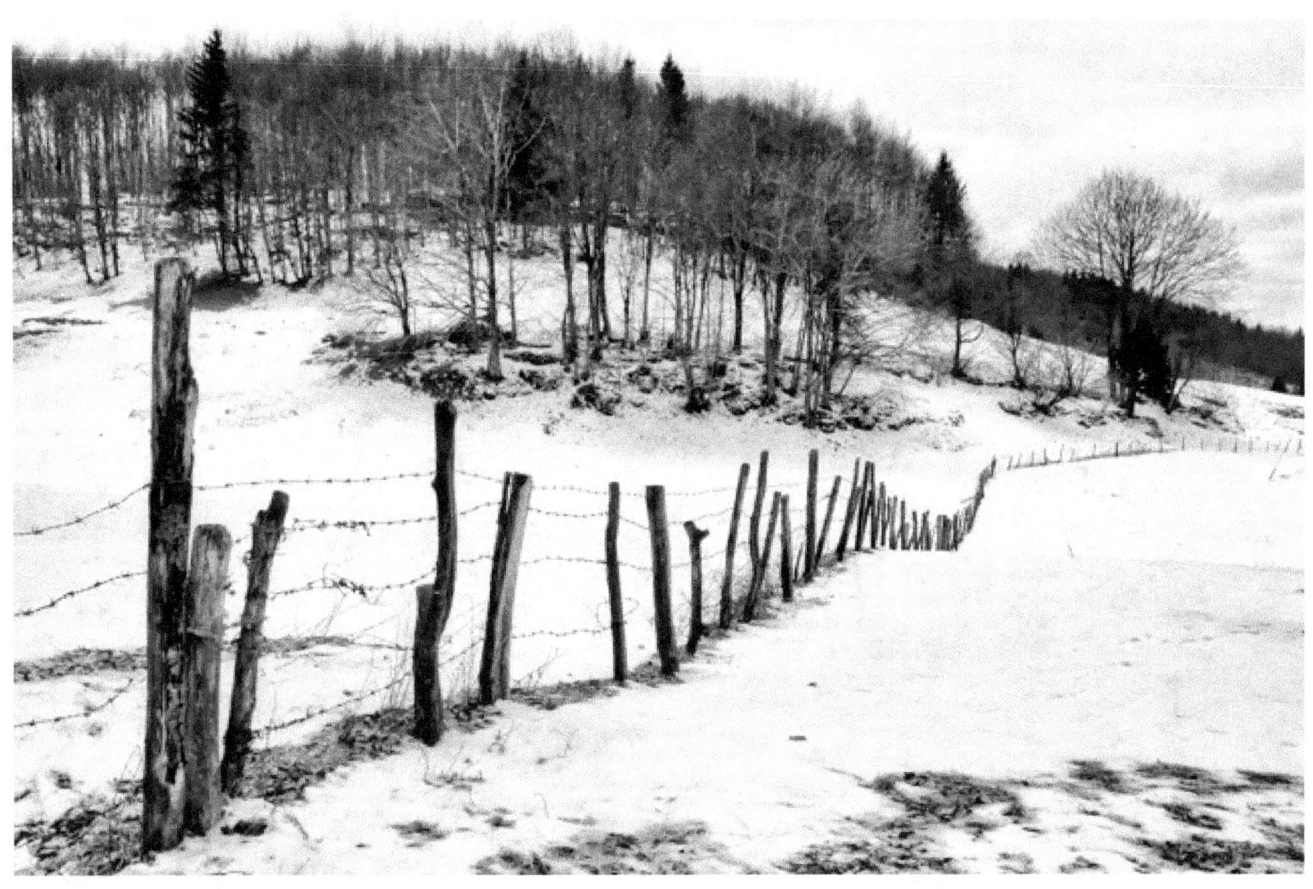

La Strada / The Road
Lessinia, 2010

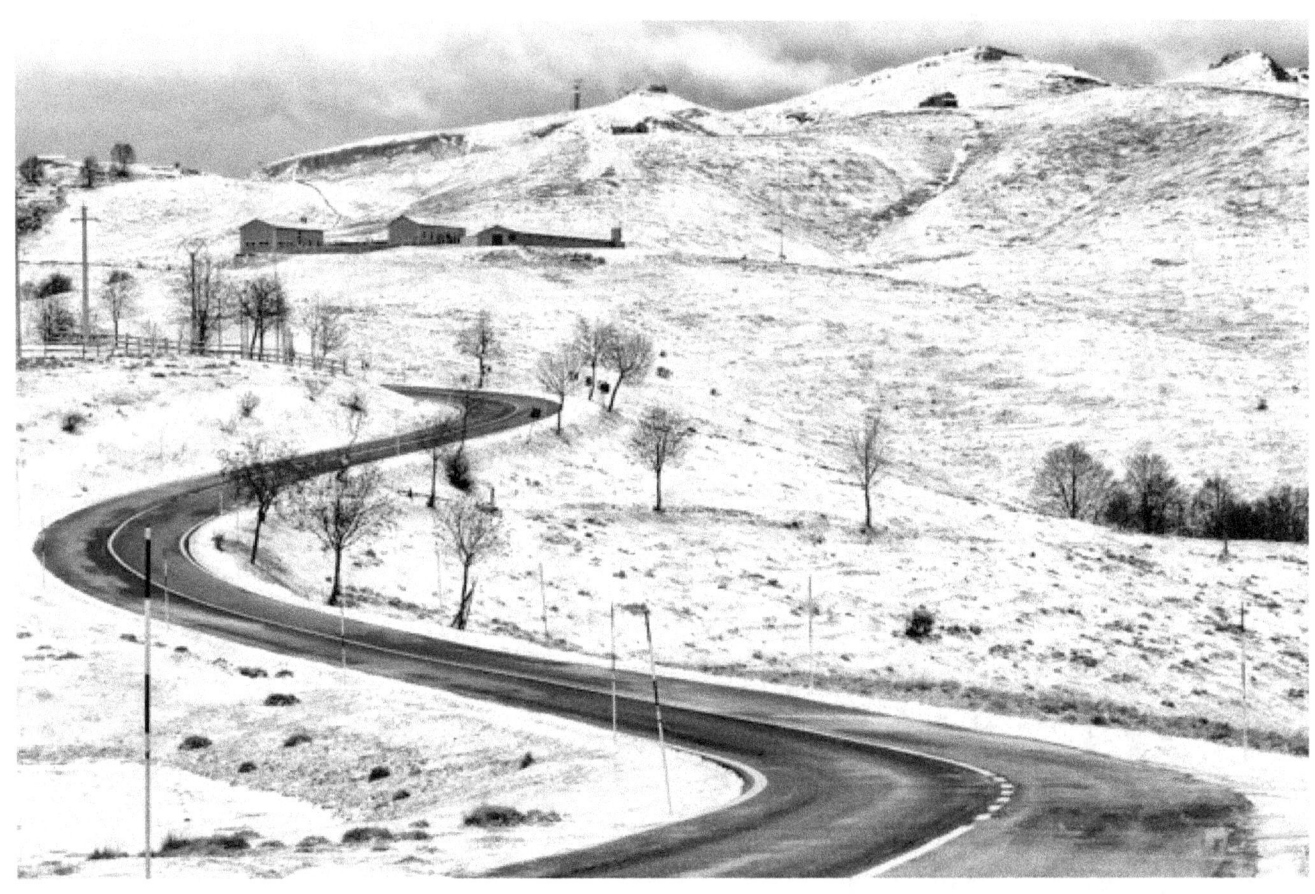

Contrasto / Contrast, studio 01
Lessinia, 2011

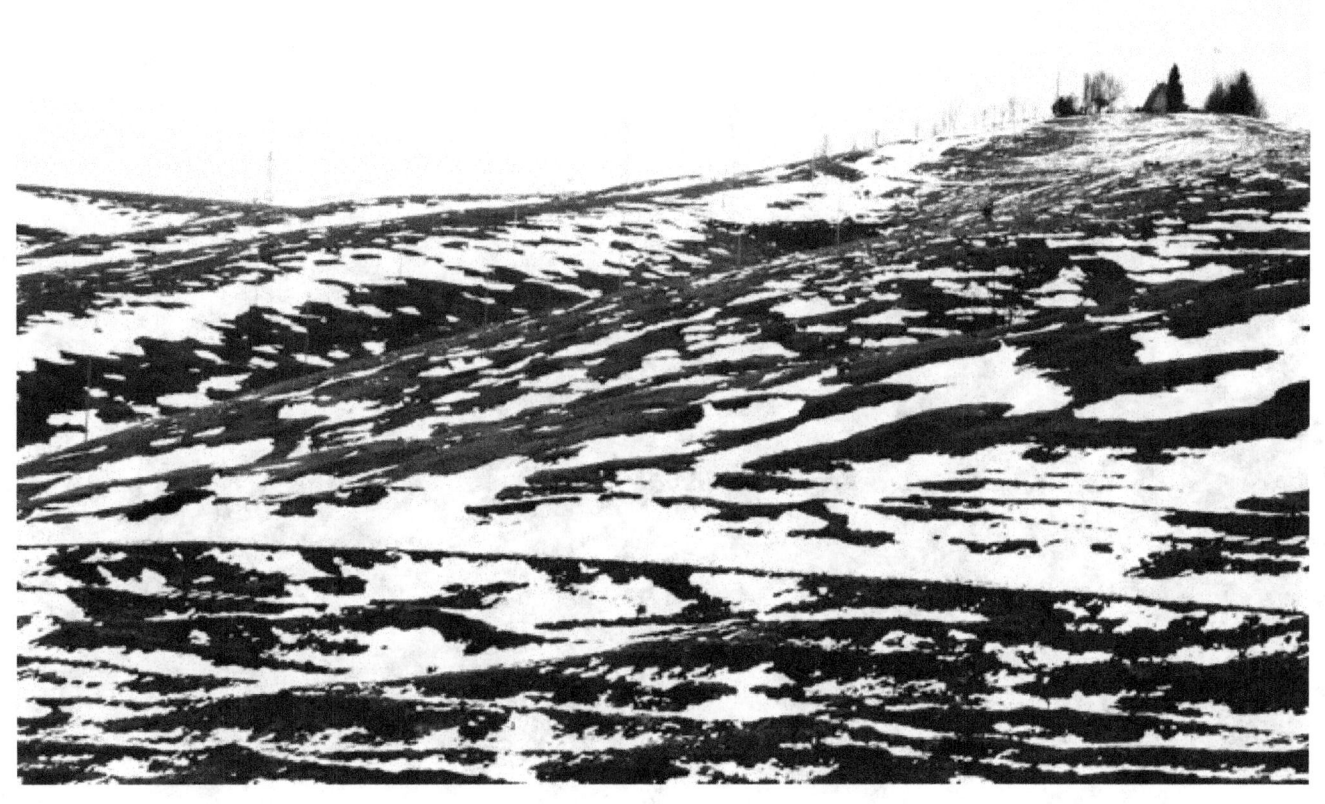

Contrasto / Contrast, studio 02
Lessinia, 2011

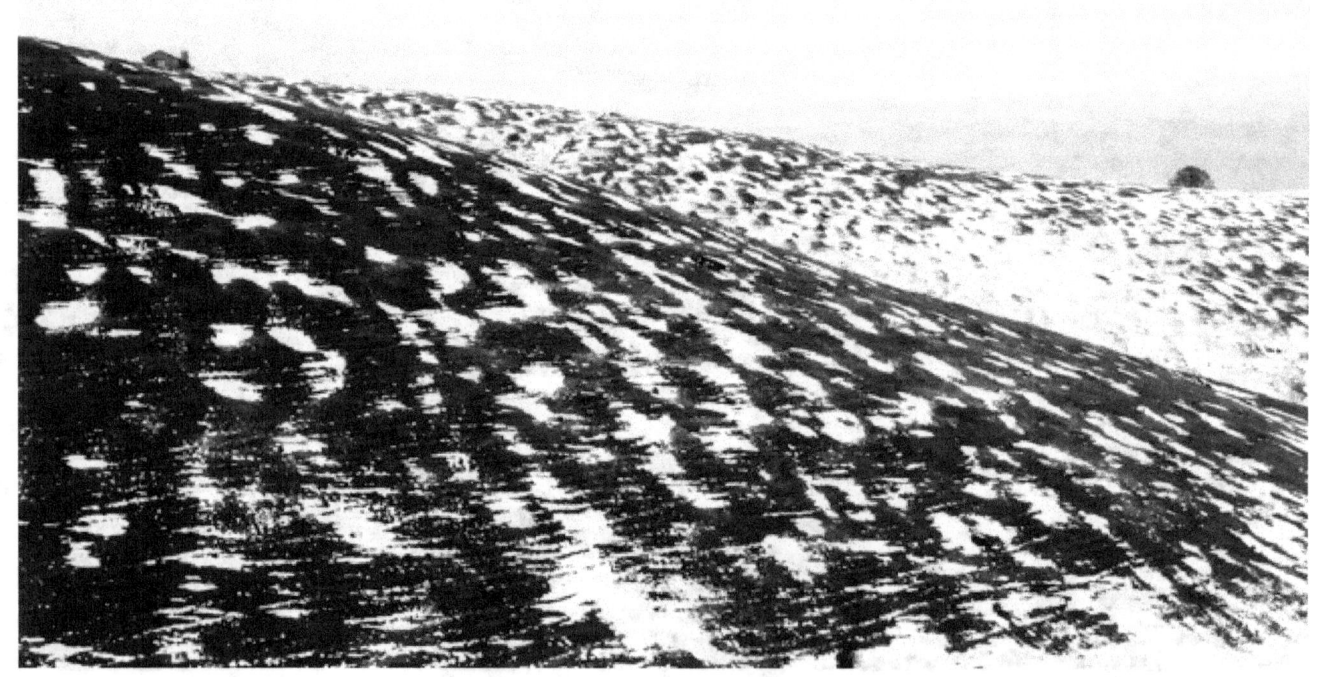

Contrasto / Contrast, studio 03
Lessinia, 2011

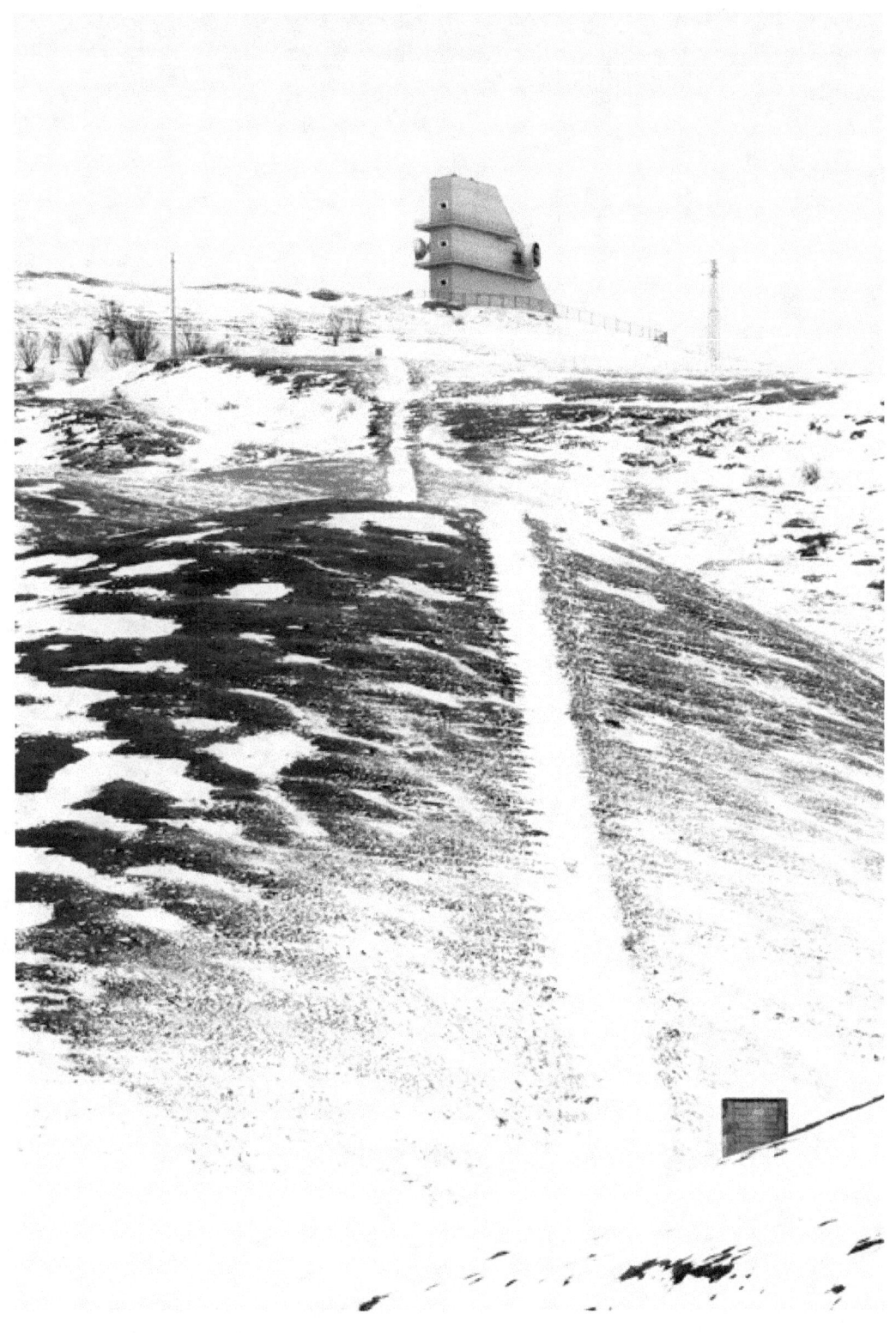

Linea di Confine / *Borderline*
Lessinia, 2011

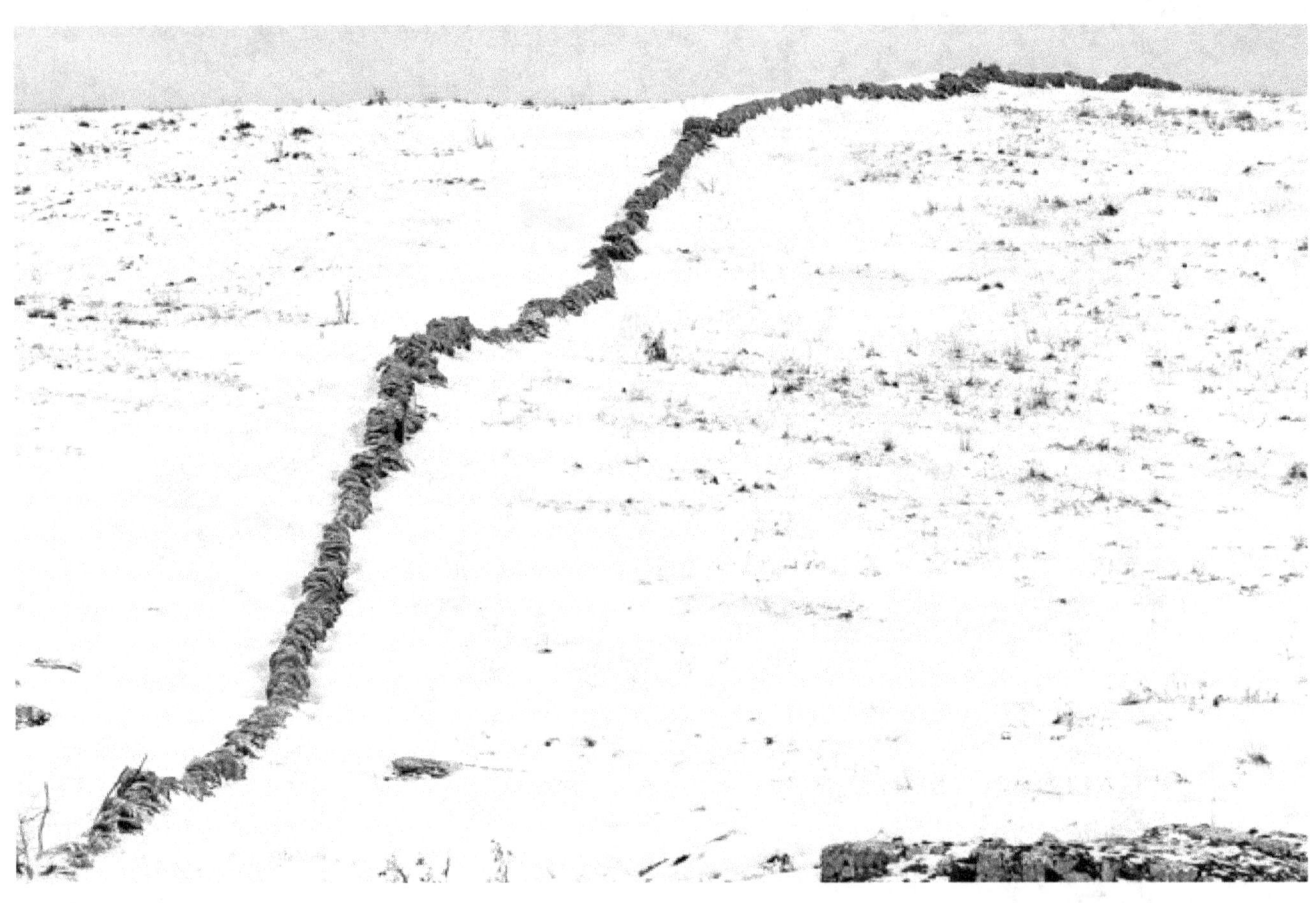

Vecchi Confini / Old Boundaries, studio 01
Lessinia, 2011

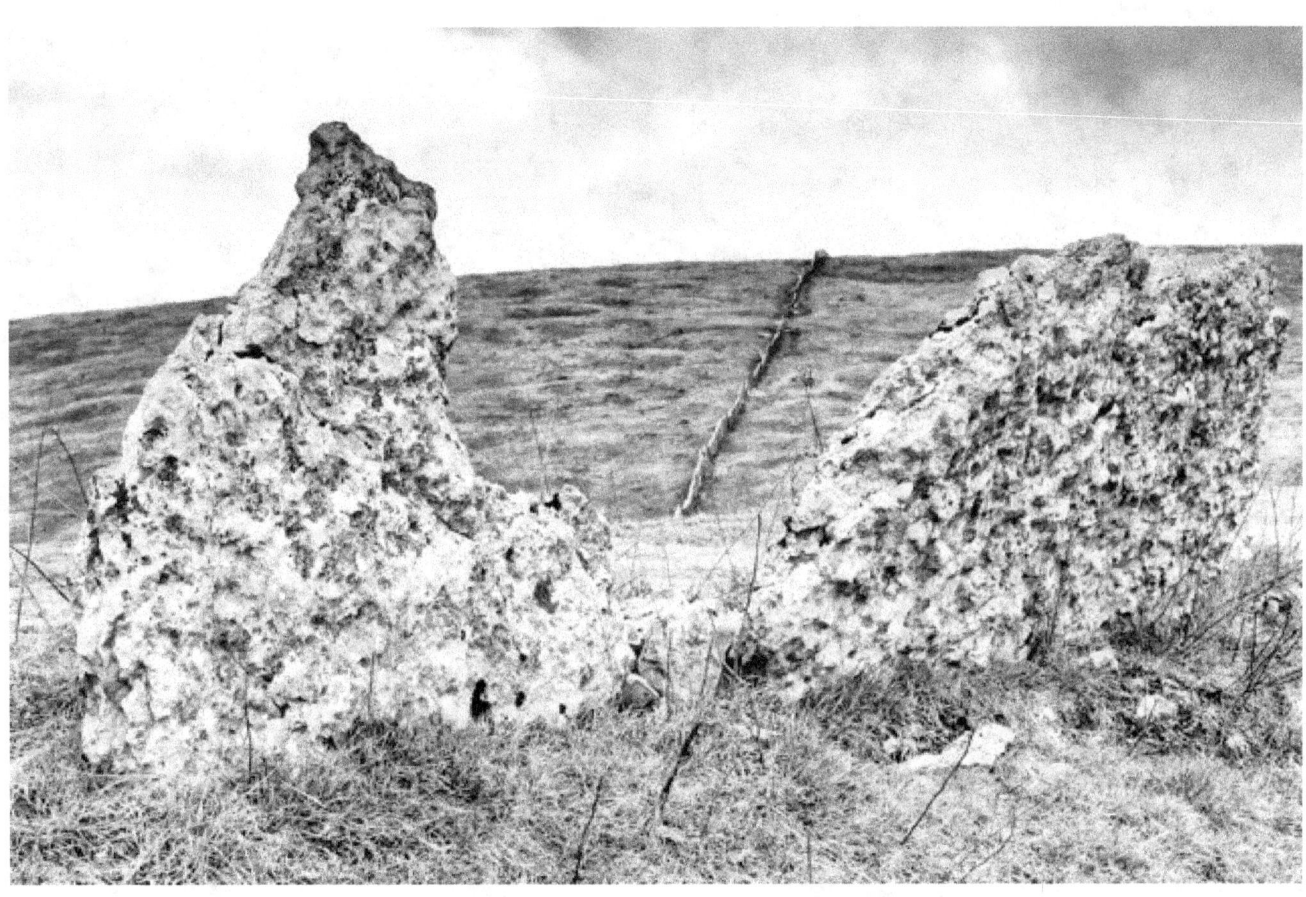

Vecchi Confini / Old Boundaries, studio 02
Lessinia, 2011

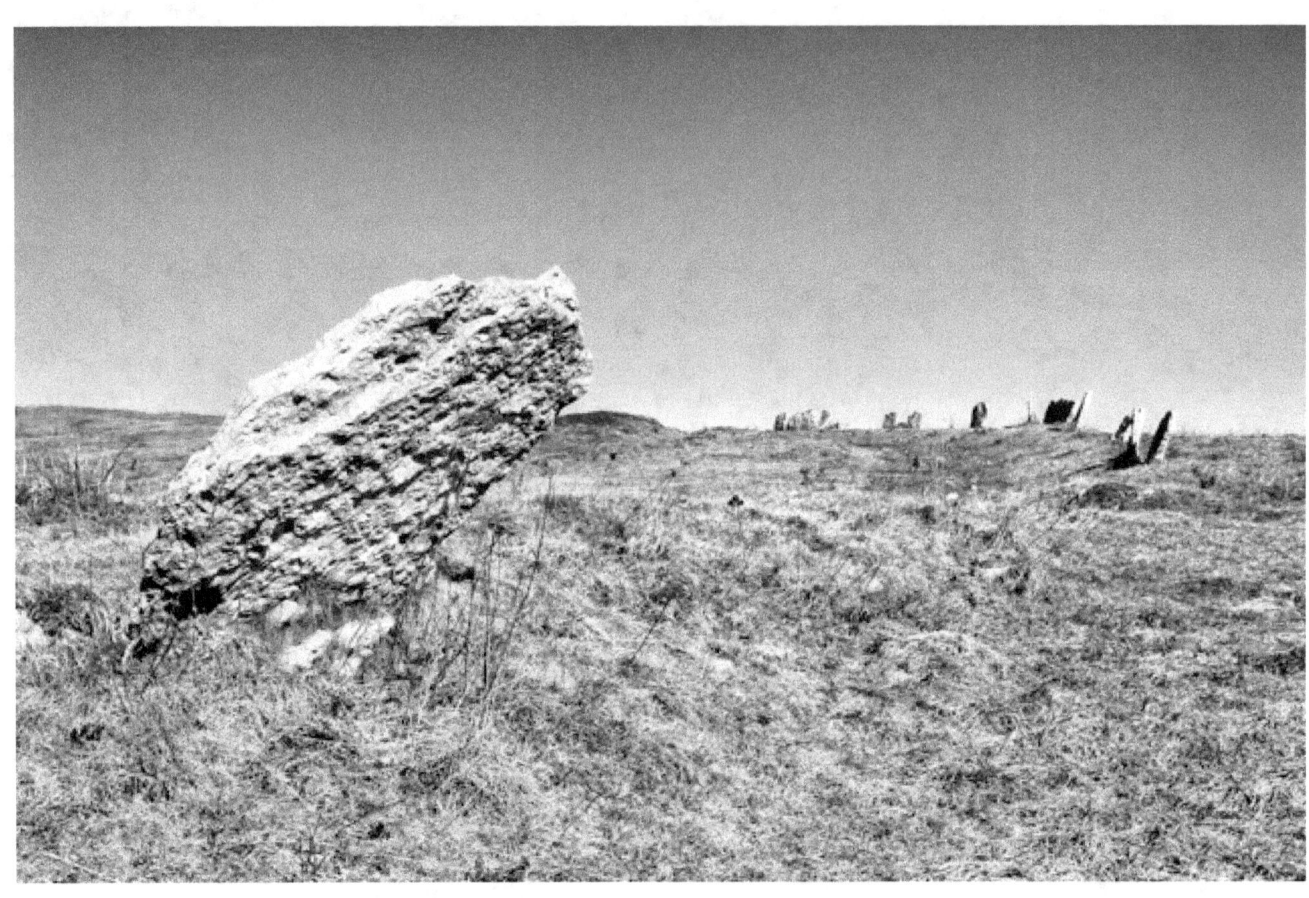

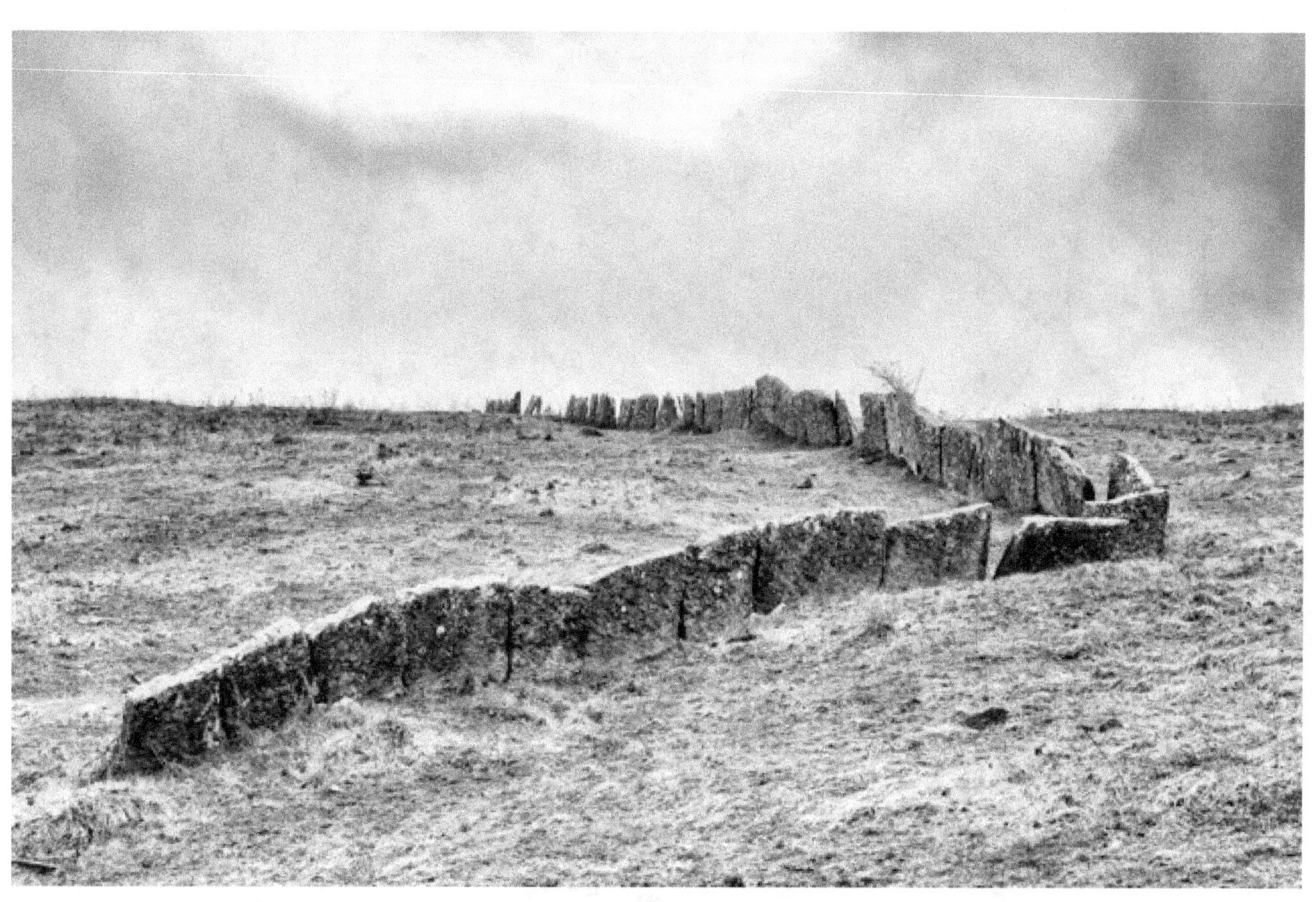

Vecchi Confini / Old Boundaries, studio 04
Lessinia, 2011

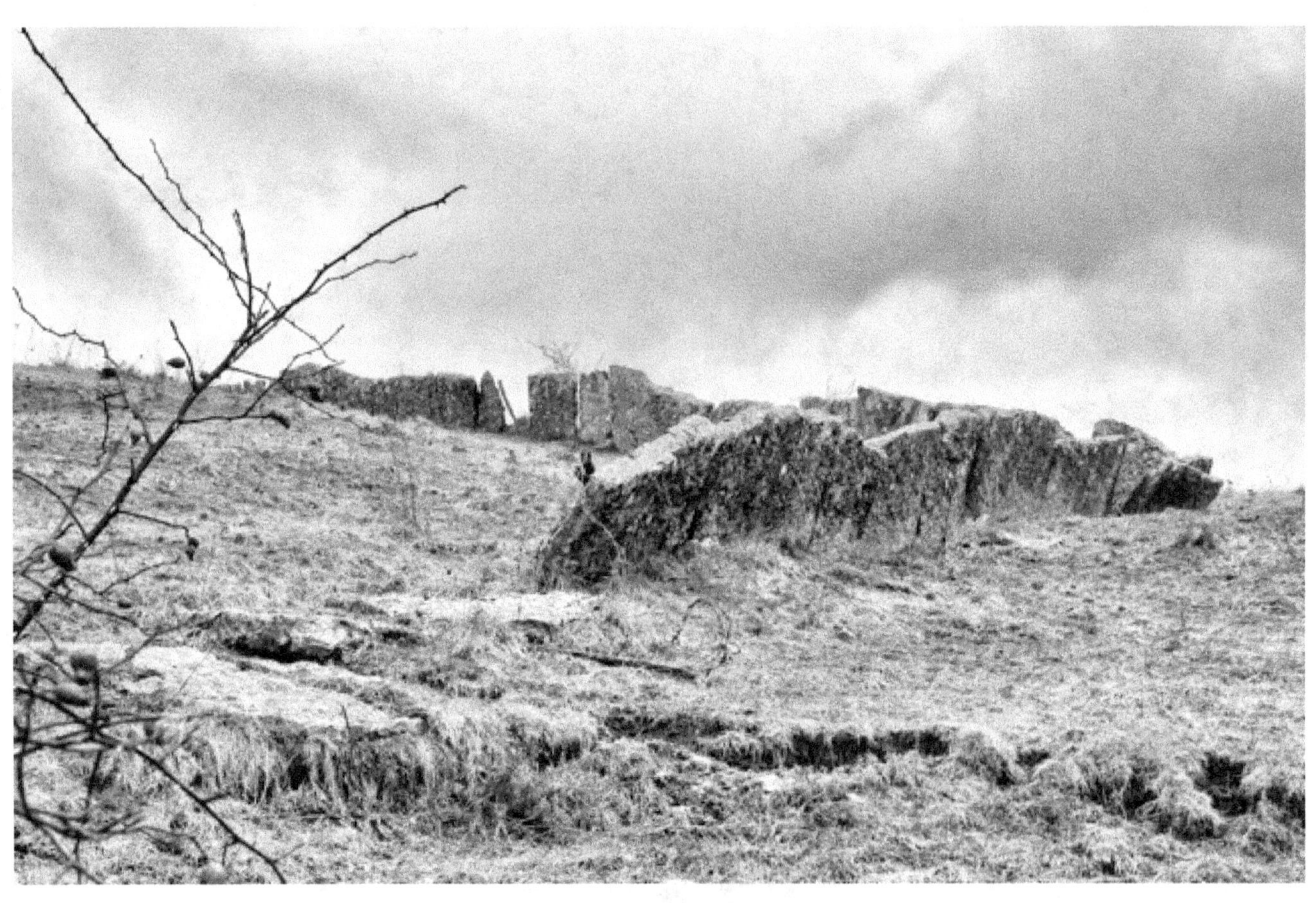

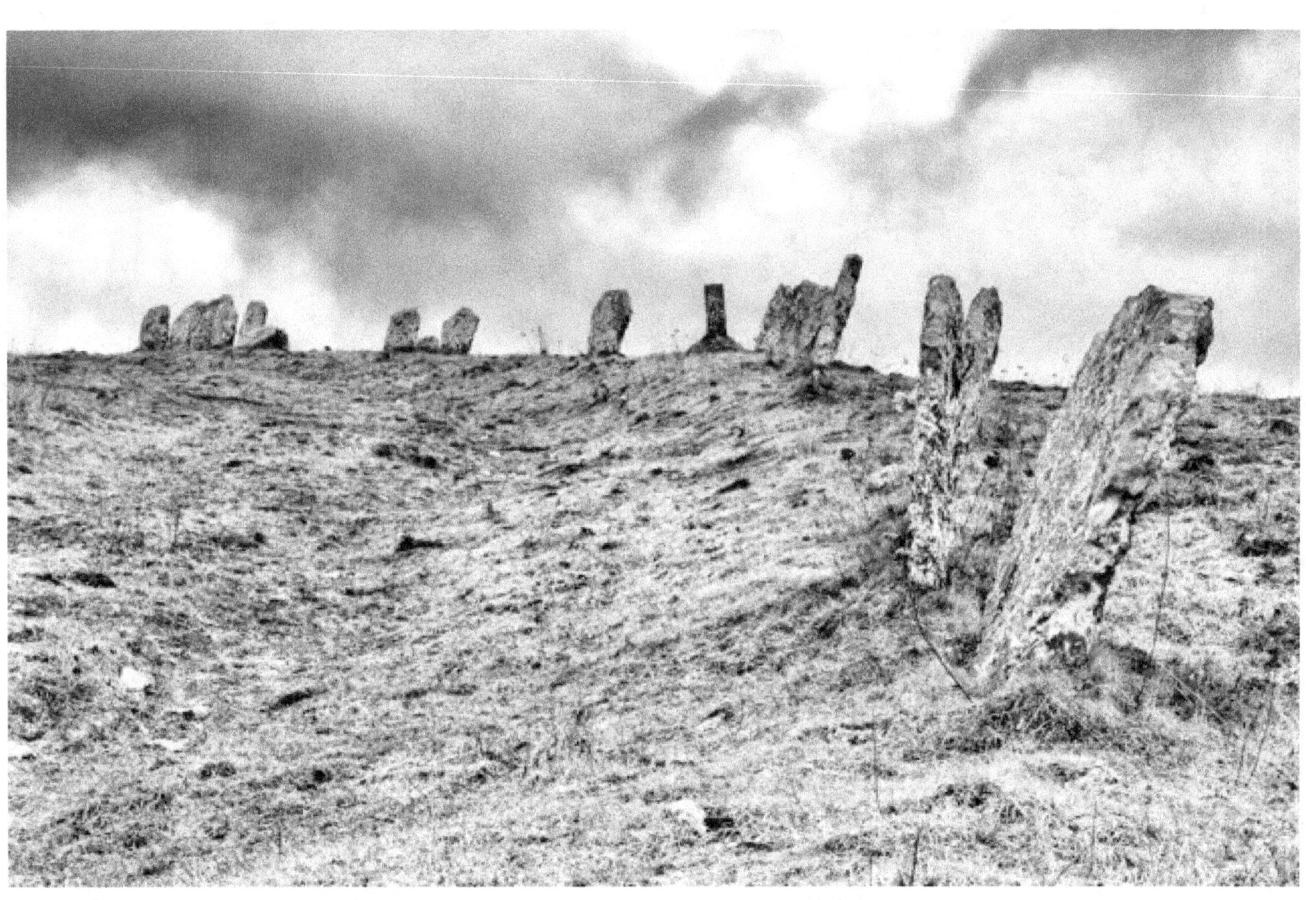

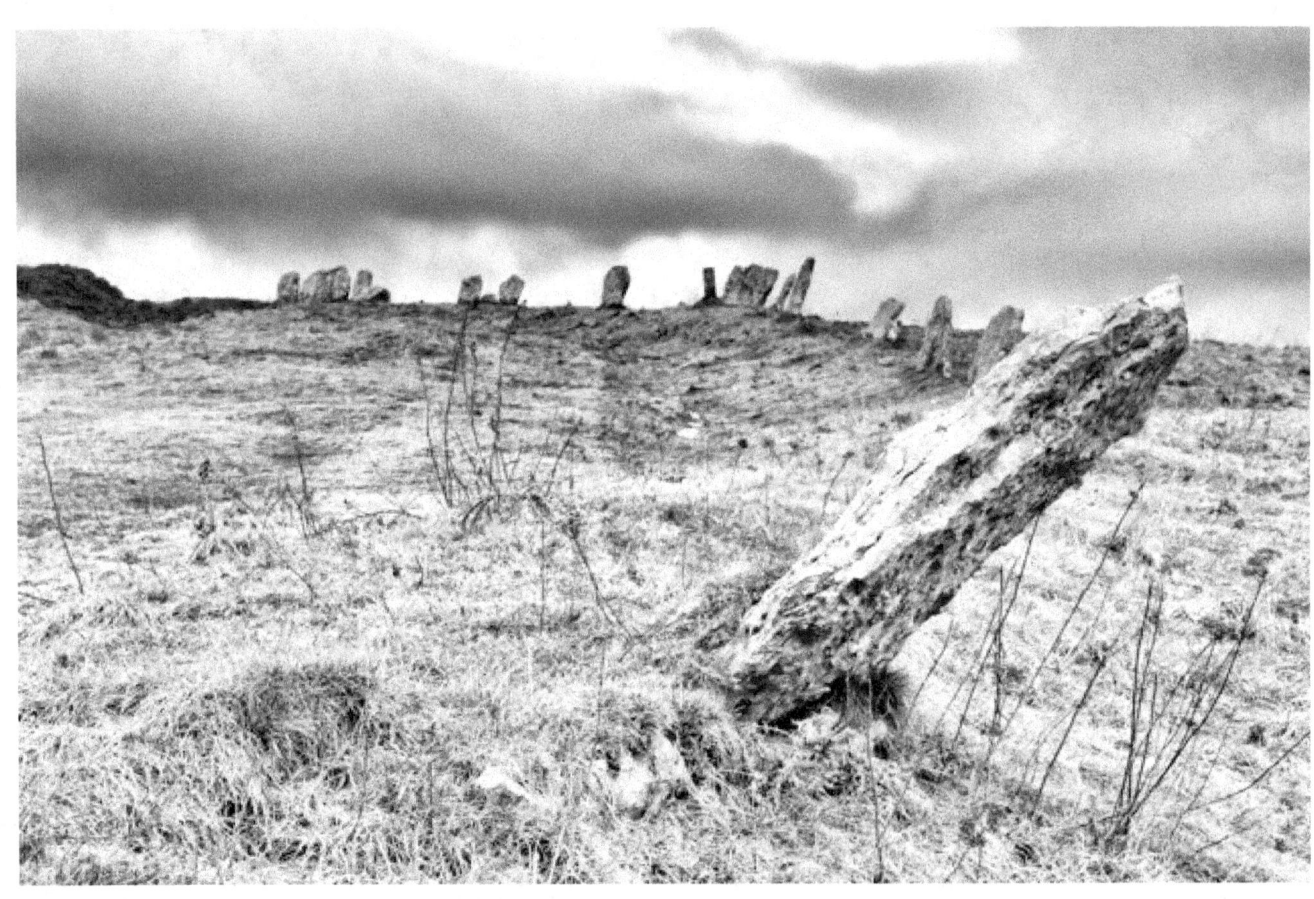

Vecchi Confini / Old Boundaries, studio 07
Lessinia, 2011

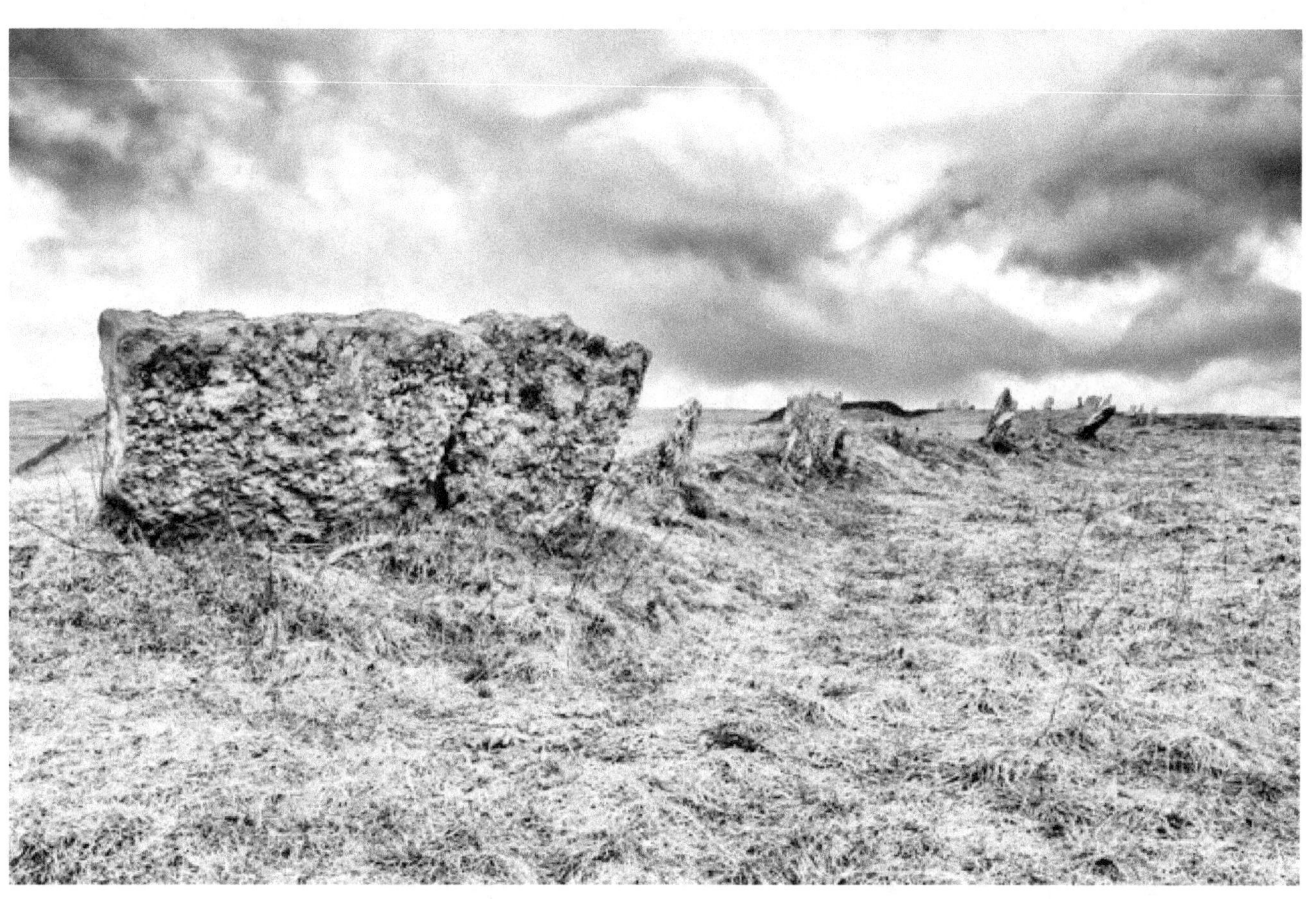

Vecchi Confini / Old Boundaries, studio 08
Lessinia, 2011

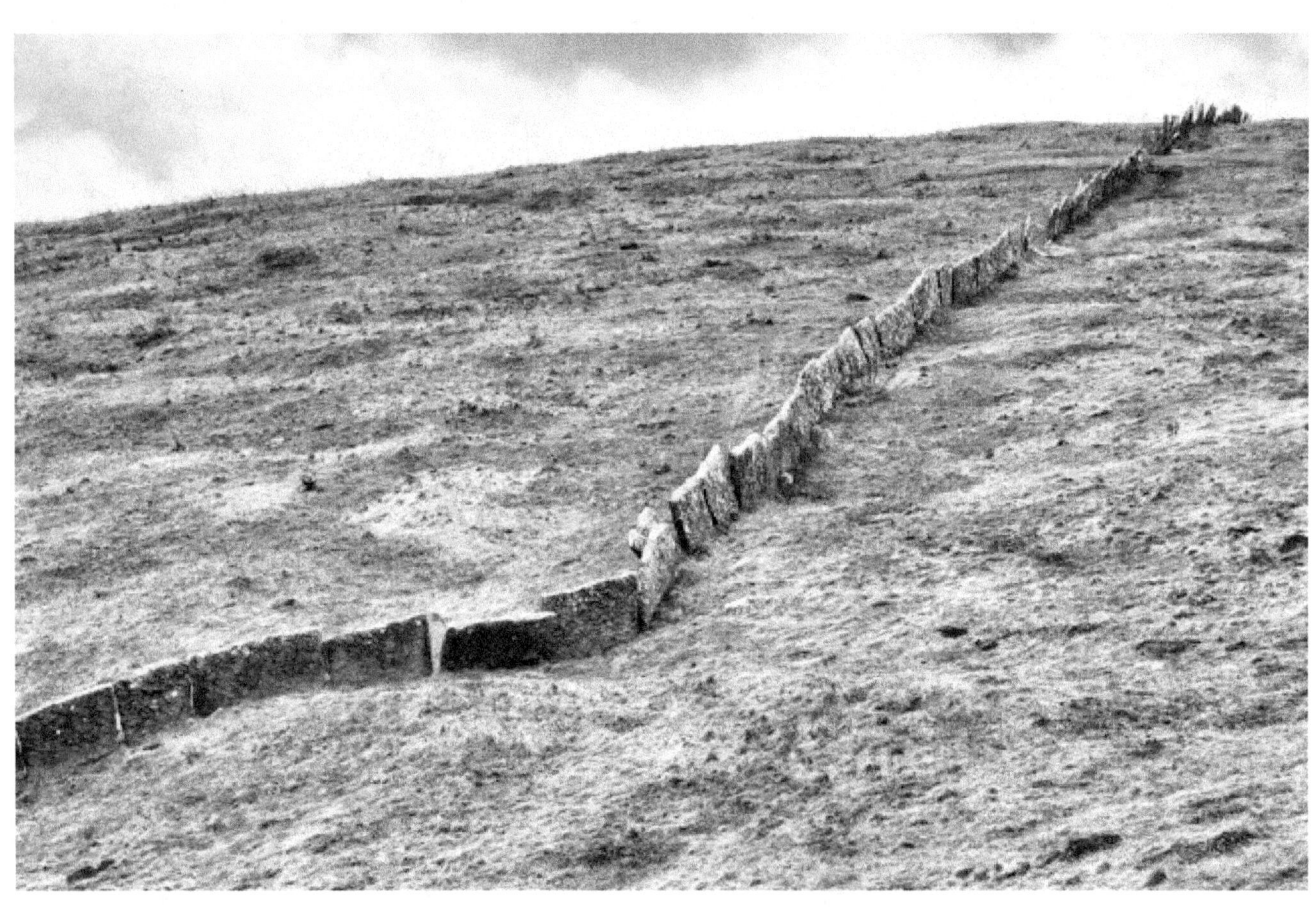

Tra le Nuvole / In the Clouds, studio 01
Lessinia, 2011

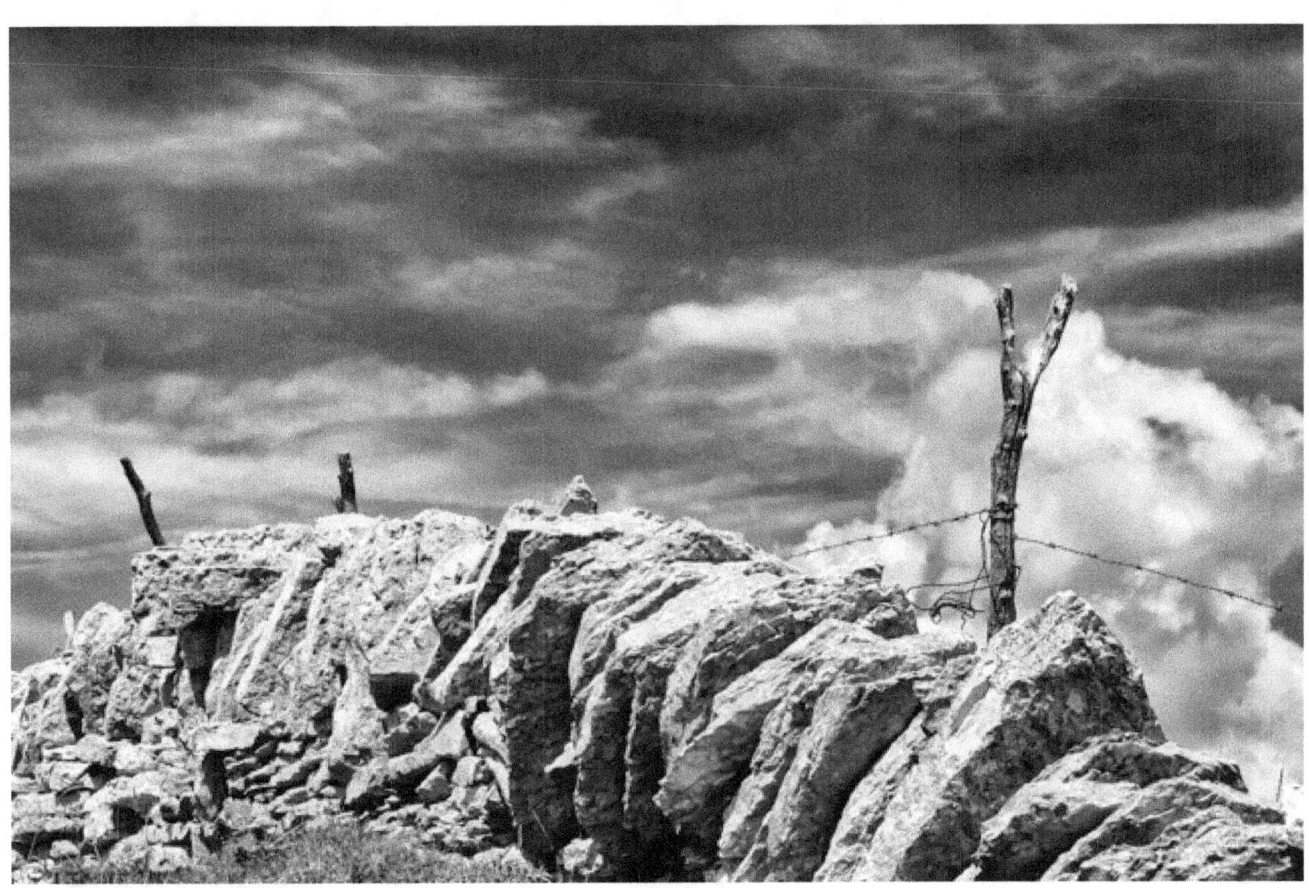

Tra le Nuvole / In the Clouds, studio 02
Lessinia, 2011

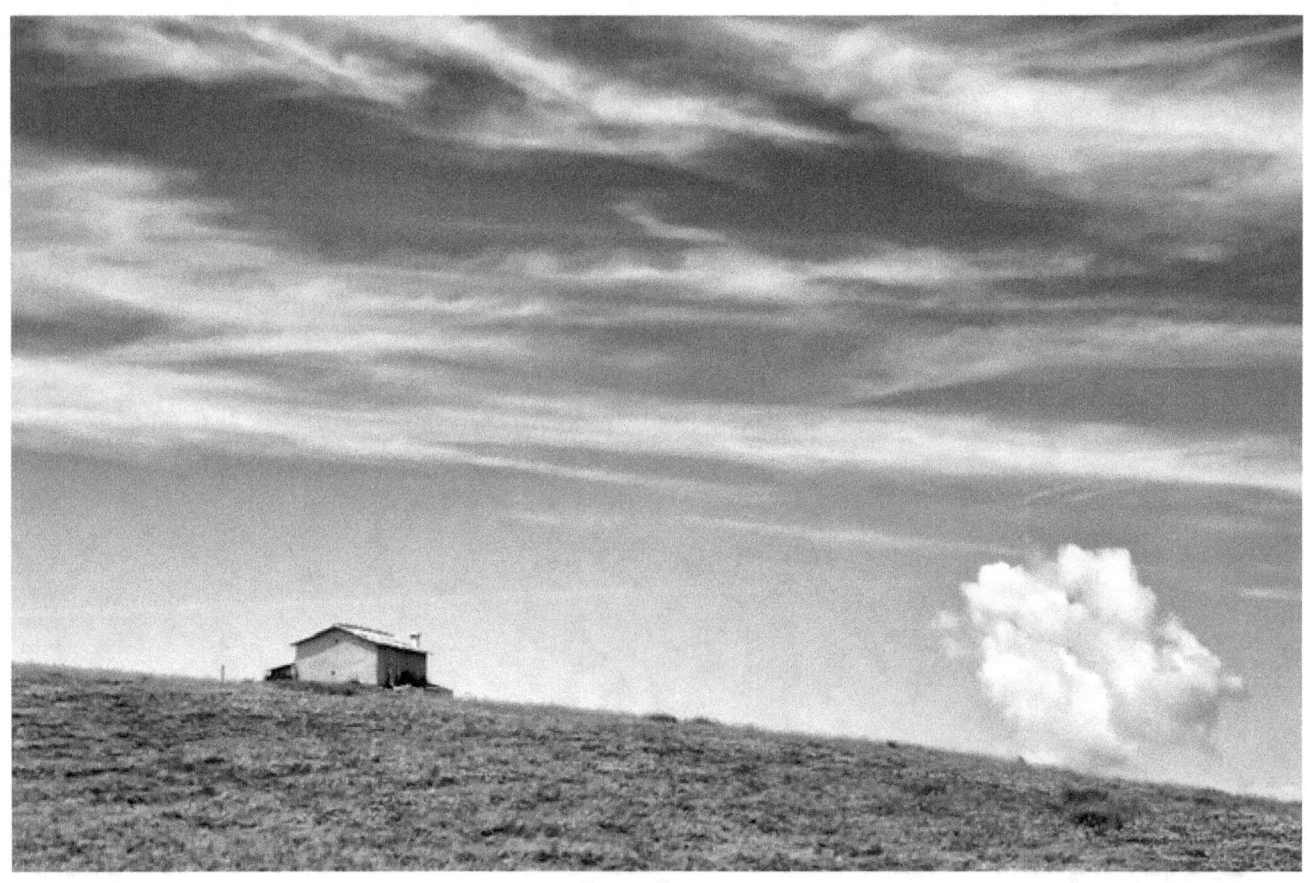

Tra le Nuvole / In the Clouds, studio 03
Lessinia, 2011

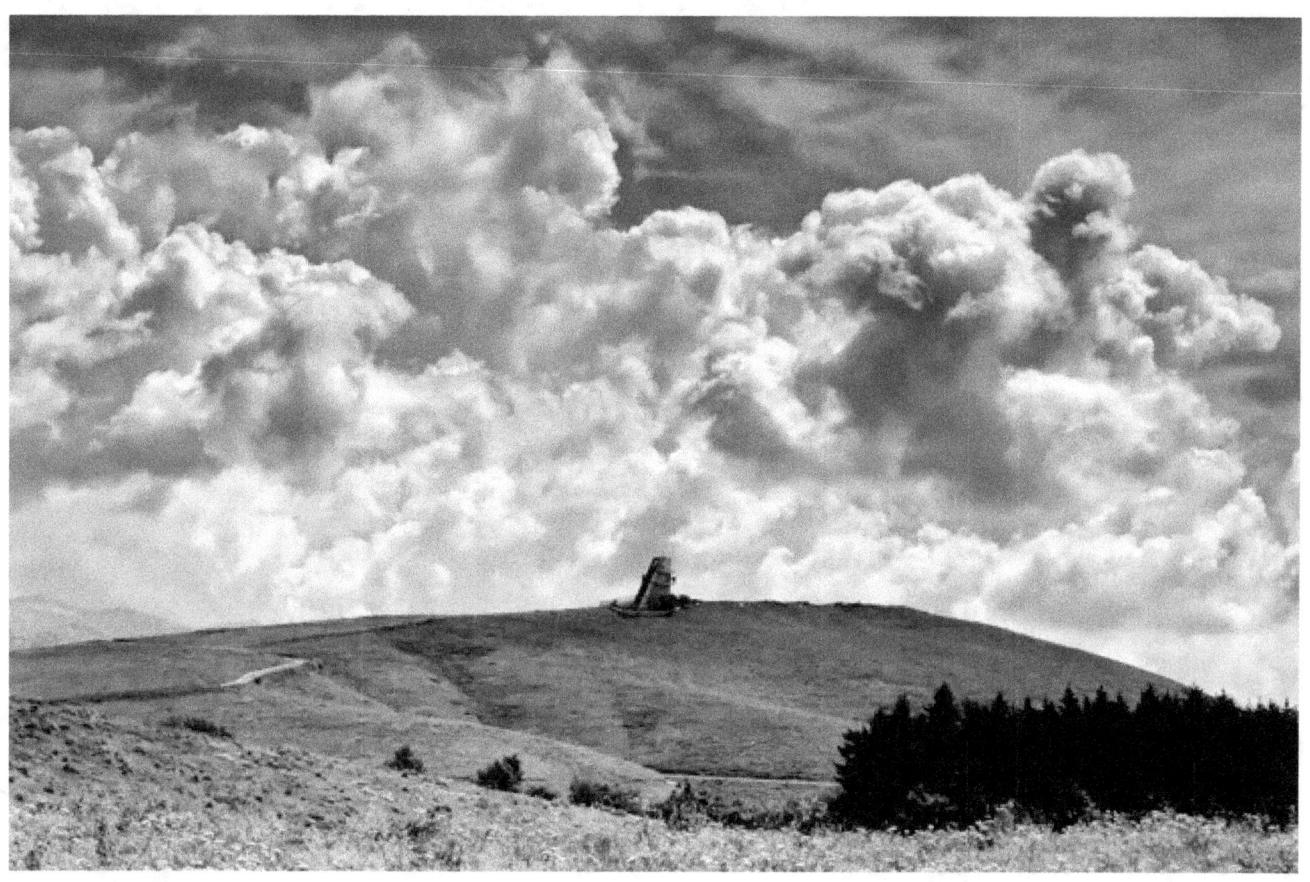

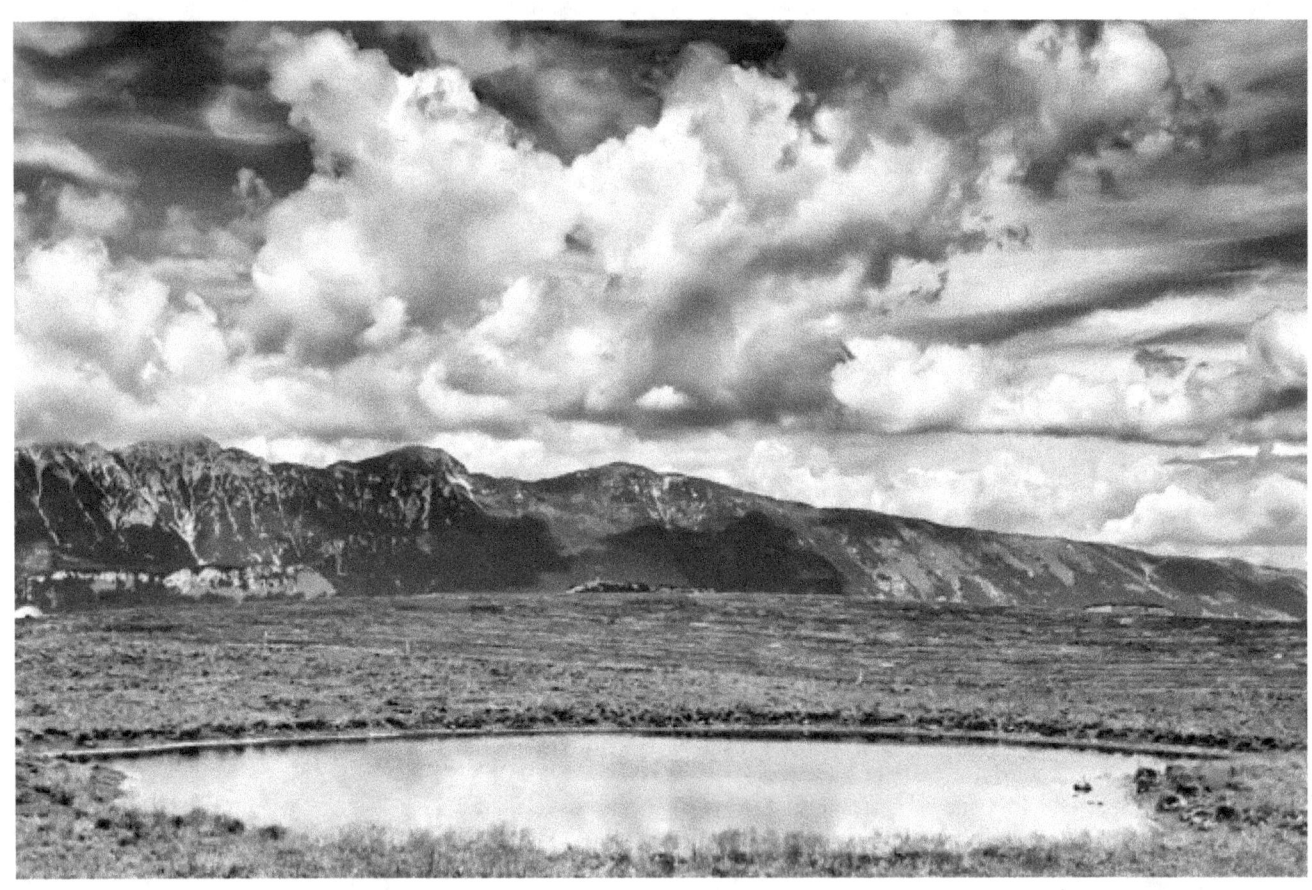

Tra le Nuvole / In the Clouds, studio 05
Lessinia, 2011

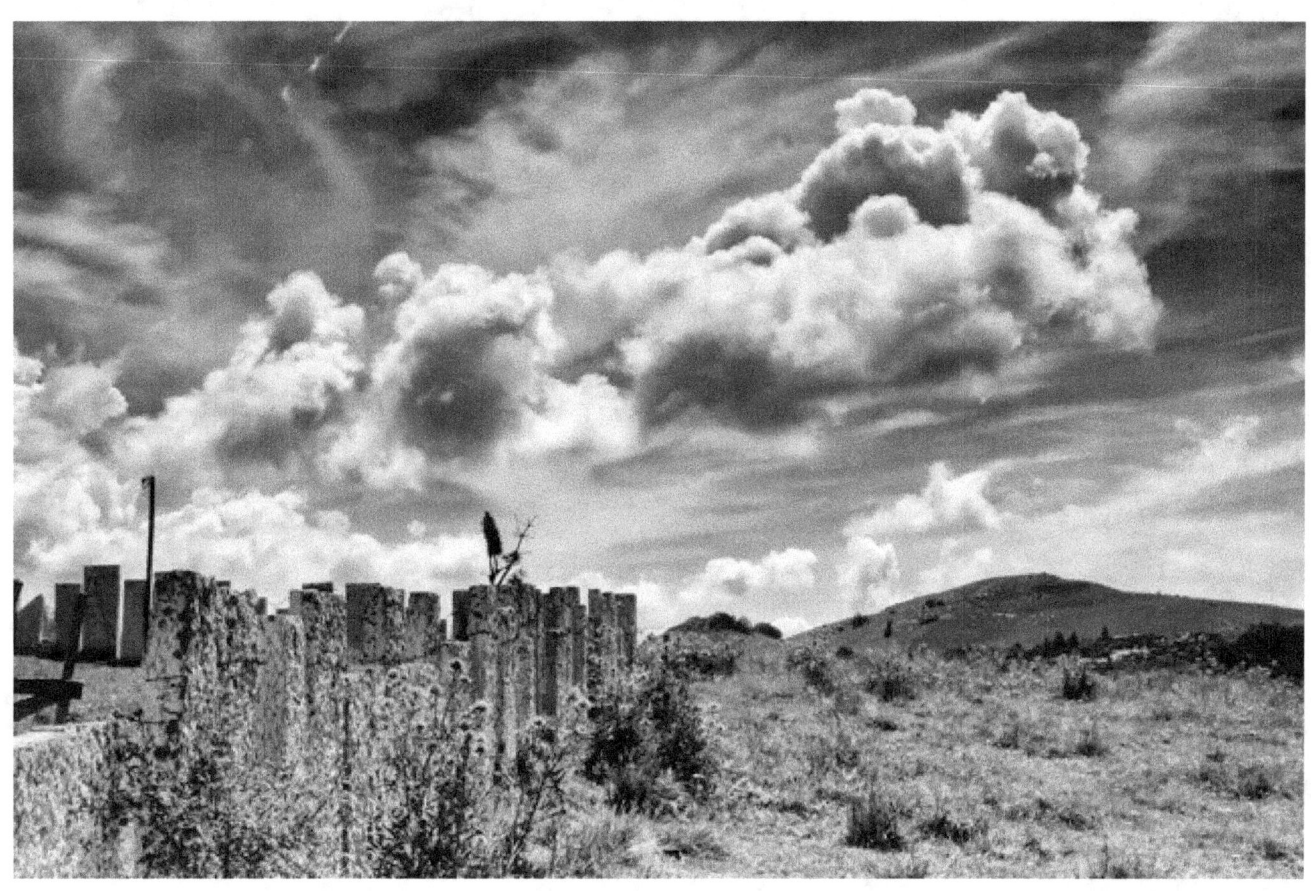

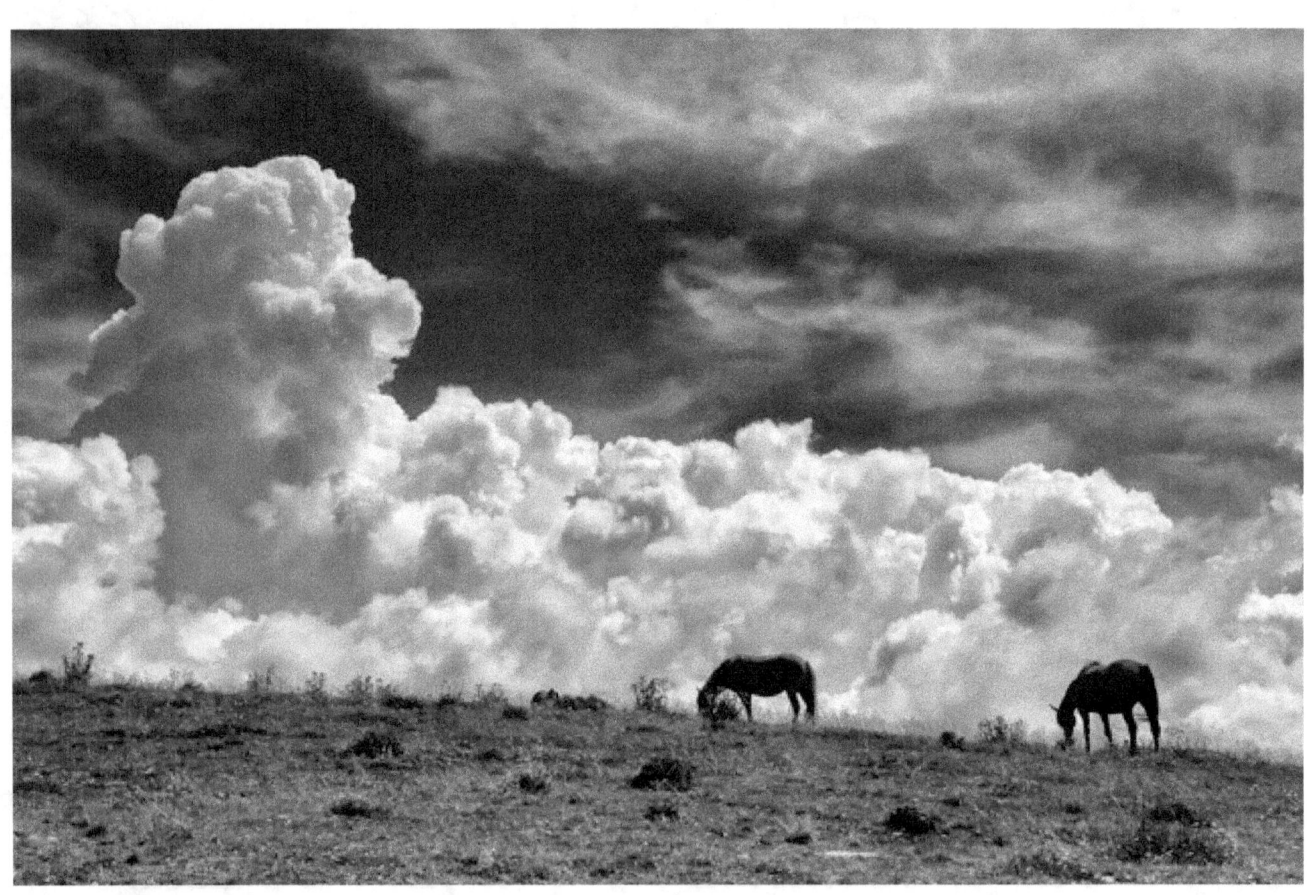

Tra le Nuvole / In the Clouds, studio 07
Lessinia, 2011

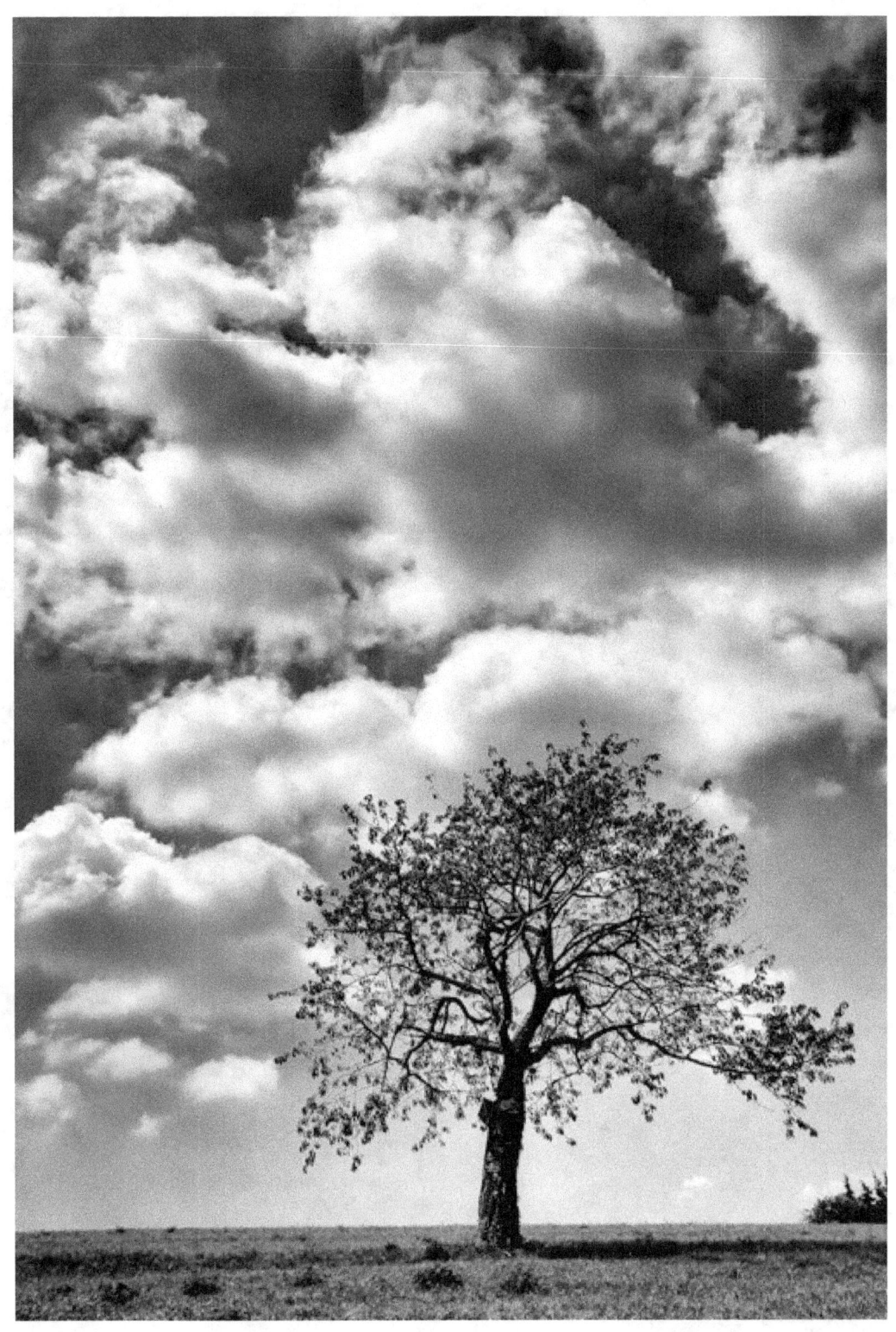

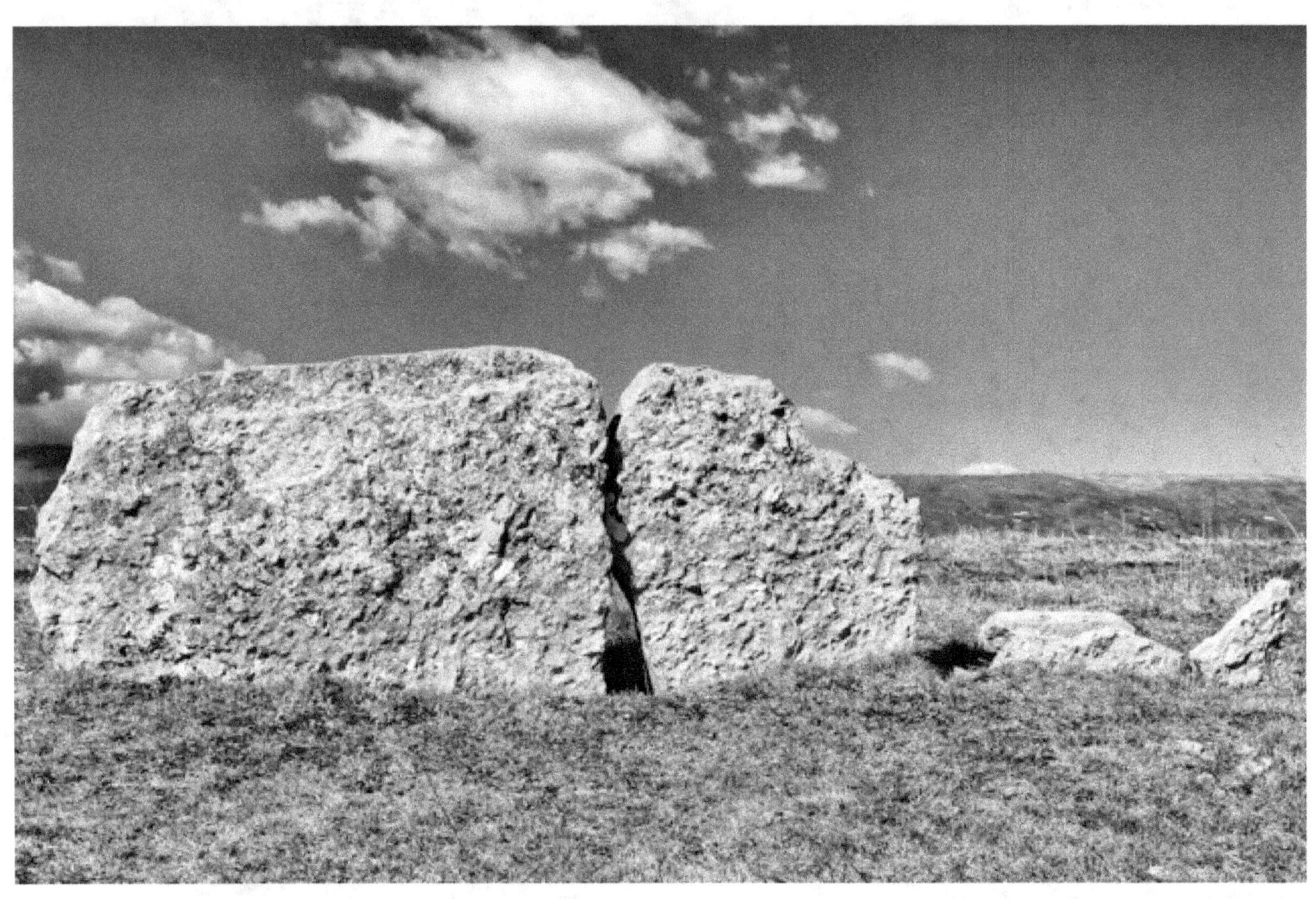

Senza Nome / No Name, 02
Lessinia, 2012

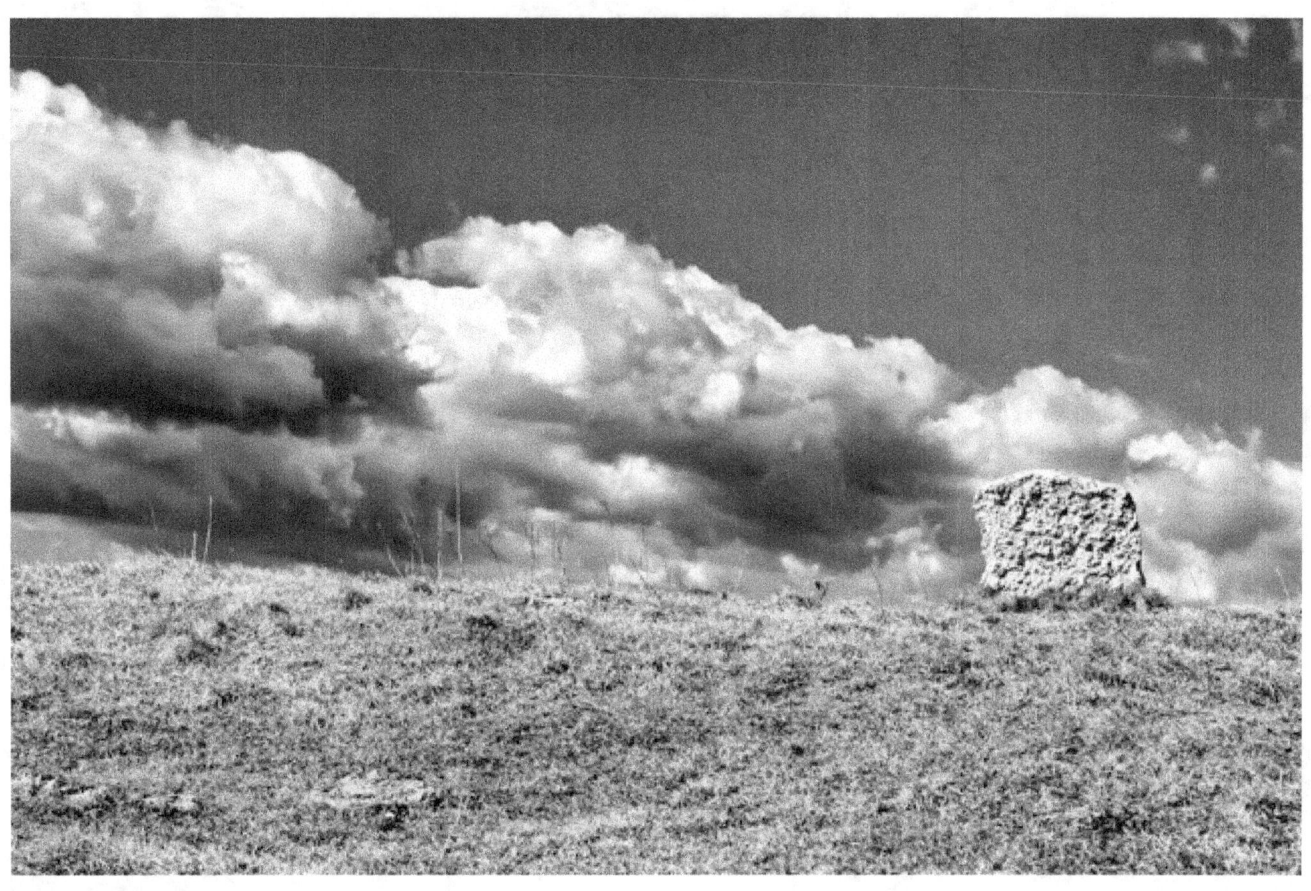

Tra Cielo e Terra / Between Sky and Earth
Lessinia, 2012

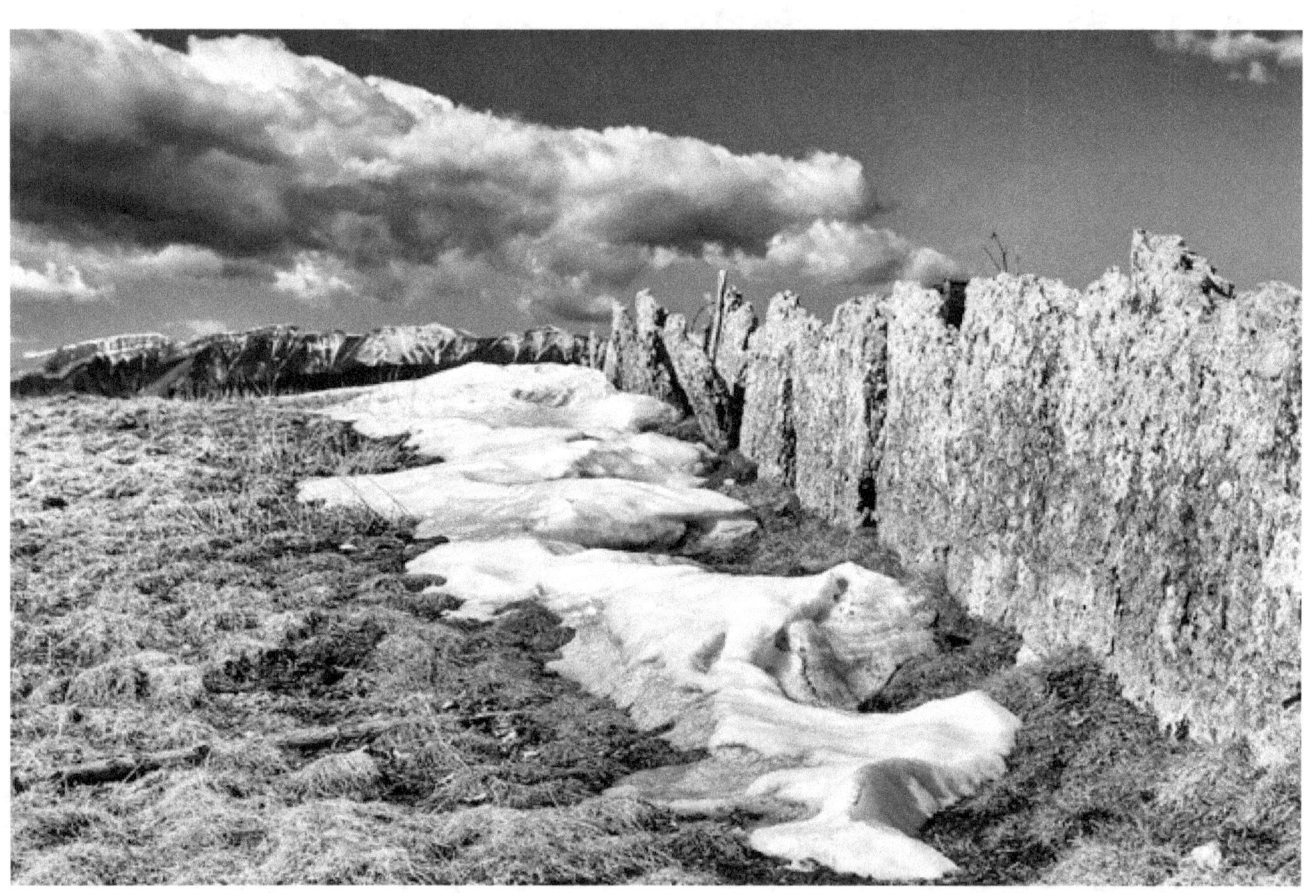

Oltre / Over
Lessinia, 2012

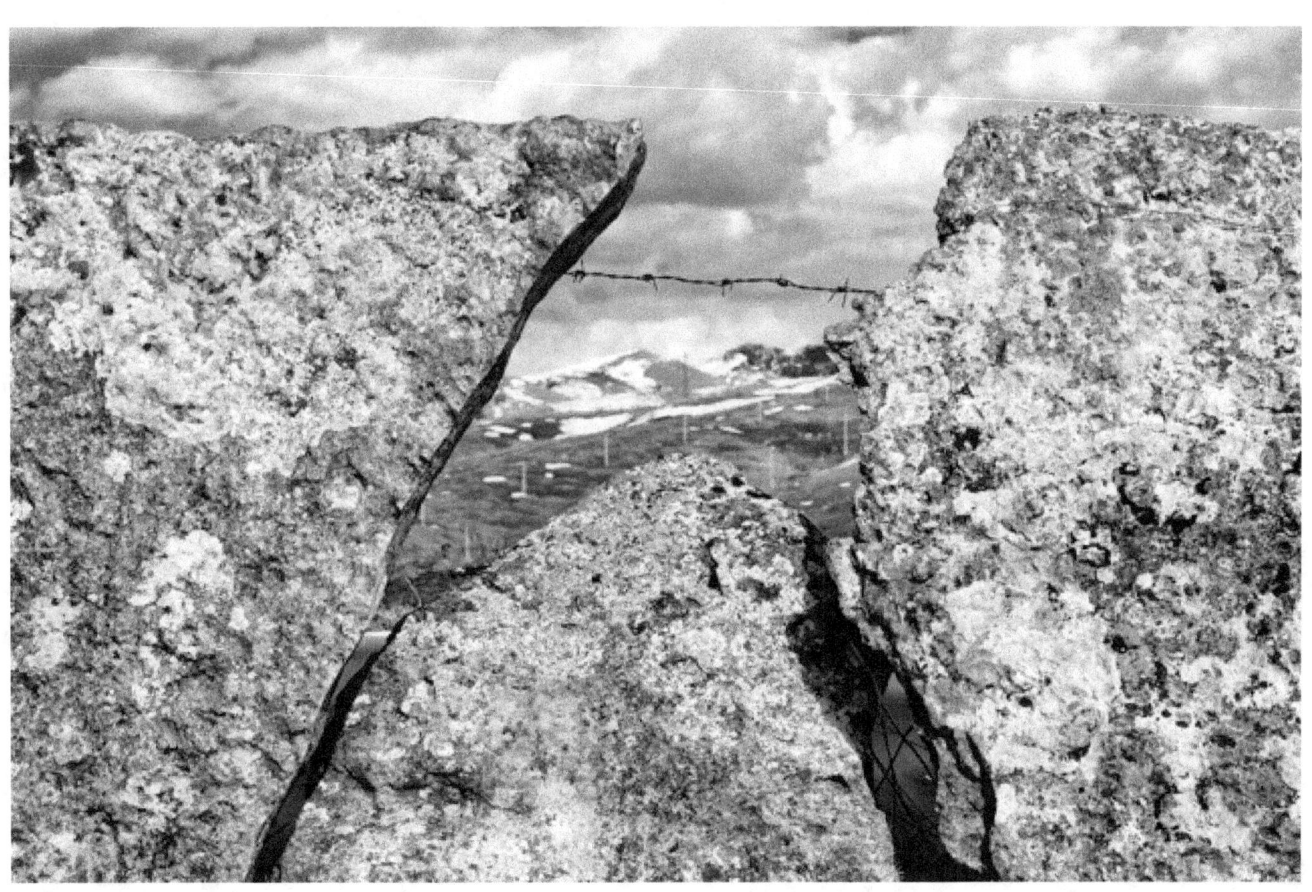

Paesaggio / Landscape, studio 01
Lessinia, 2012

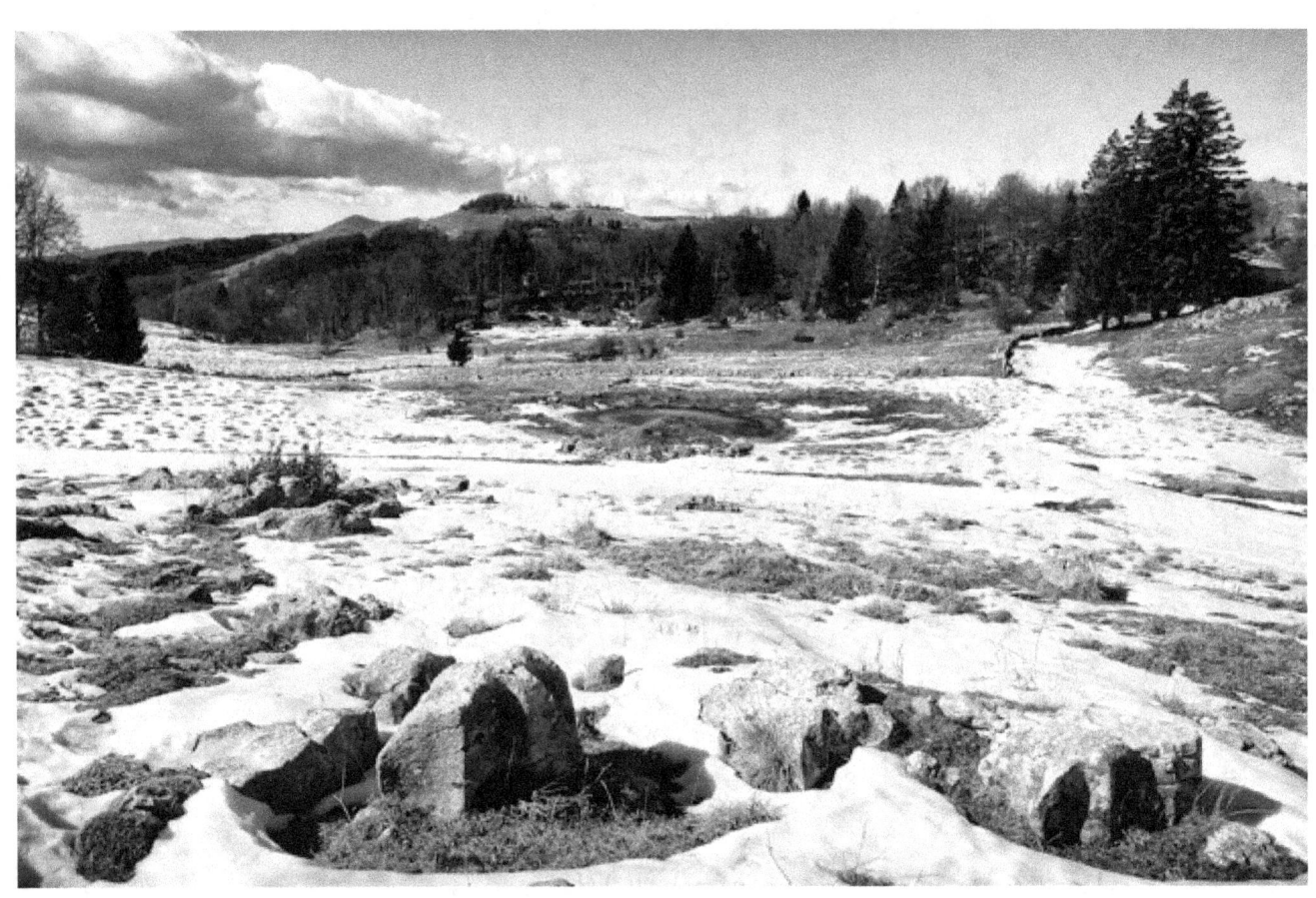

Paesaggio / Landscape, studio 02
Lessinia, 2012

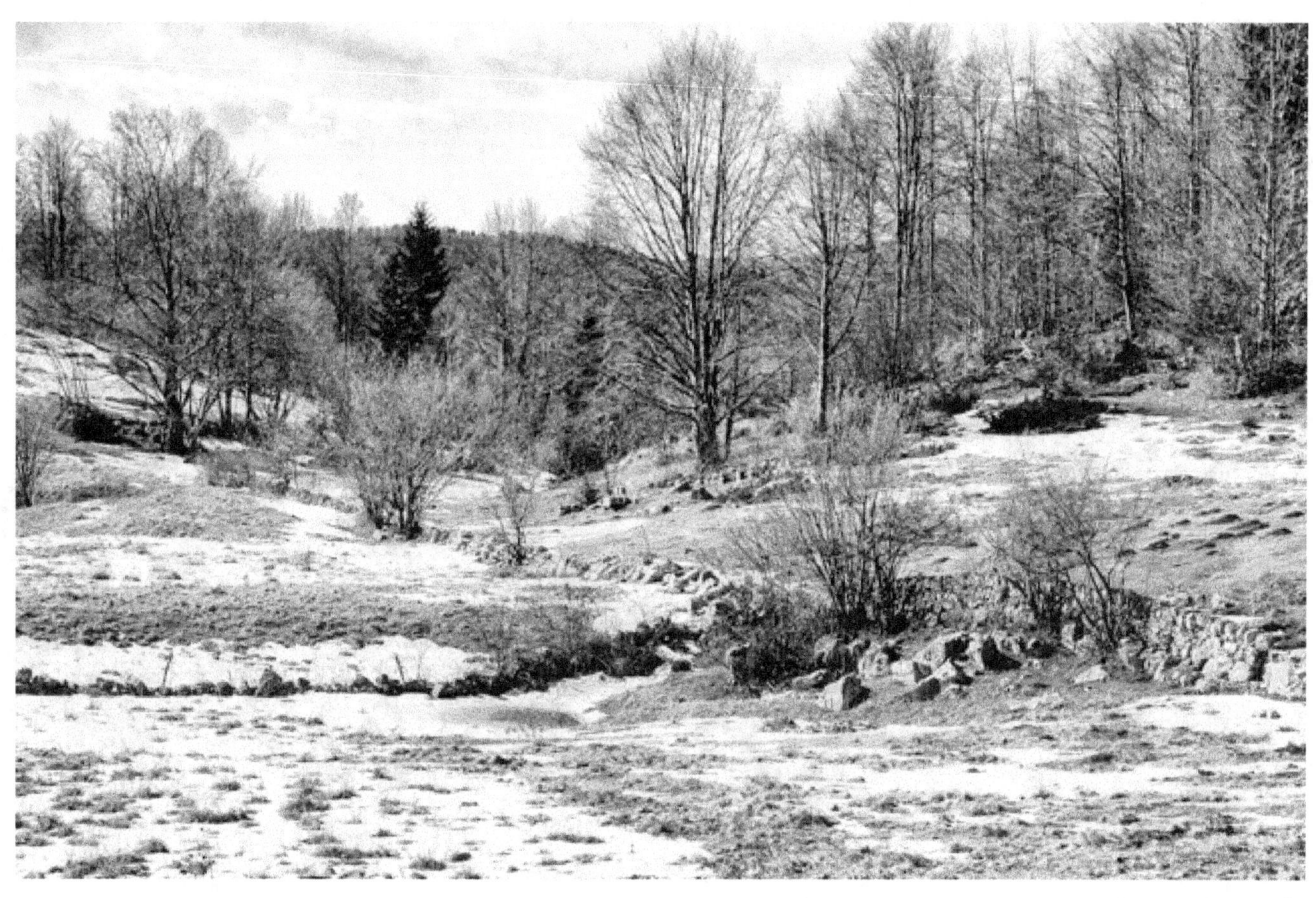

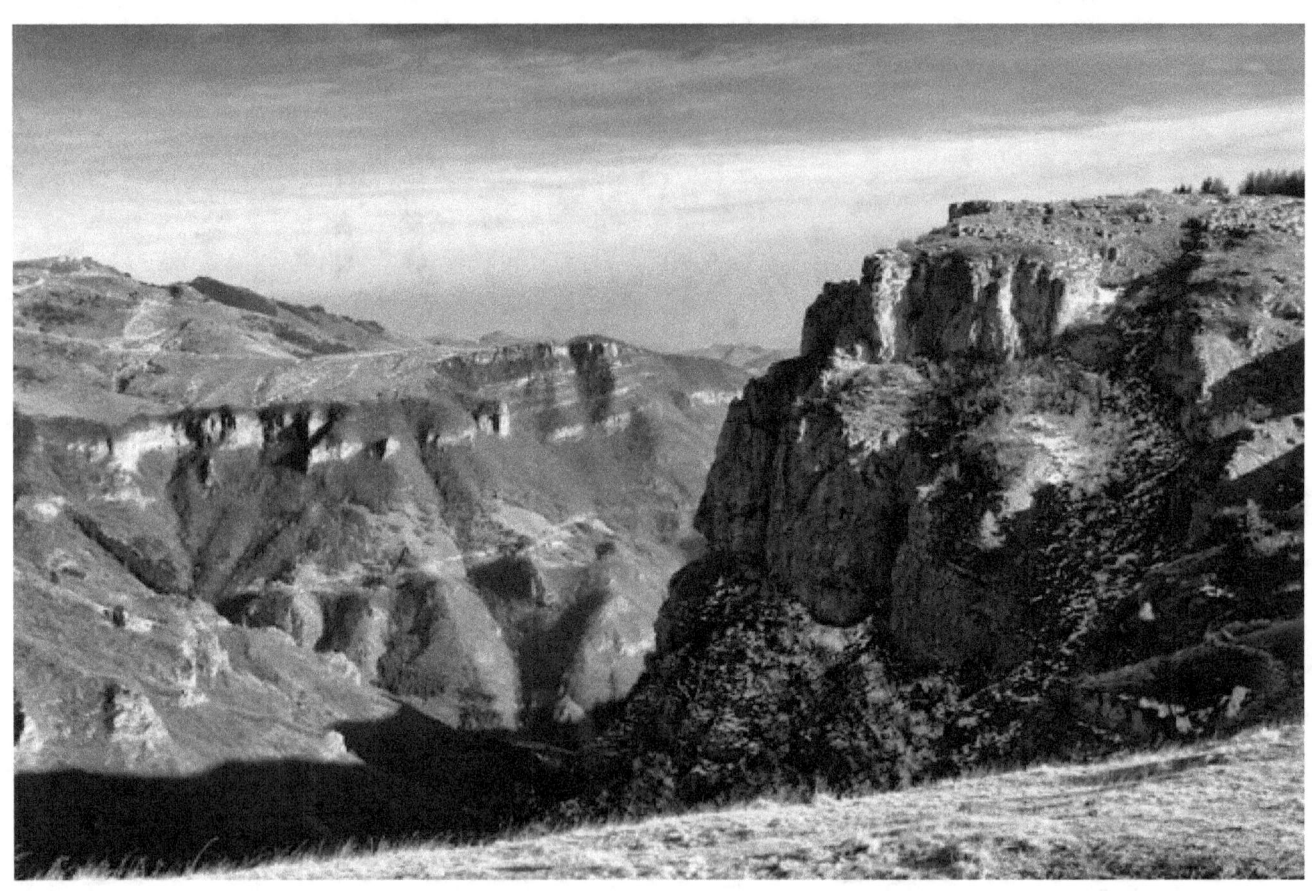

Paesaggio / Landscape, studio 04
Lessinia, 2012

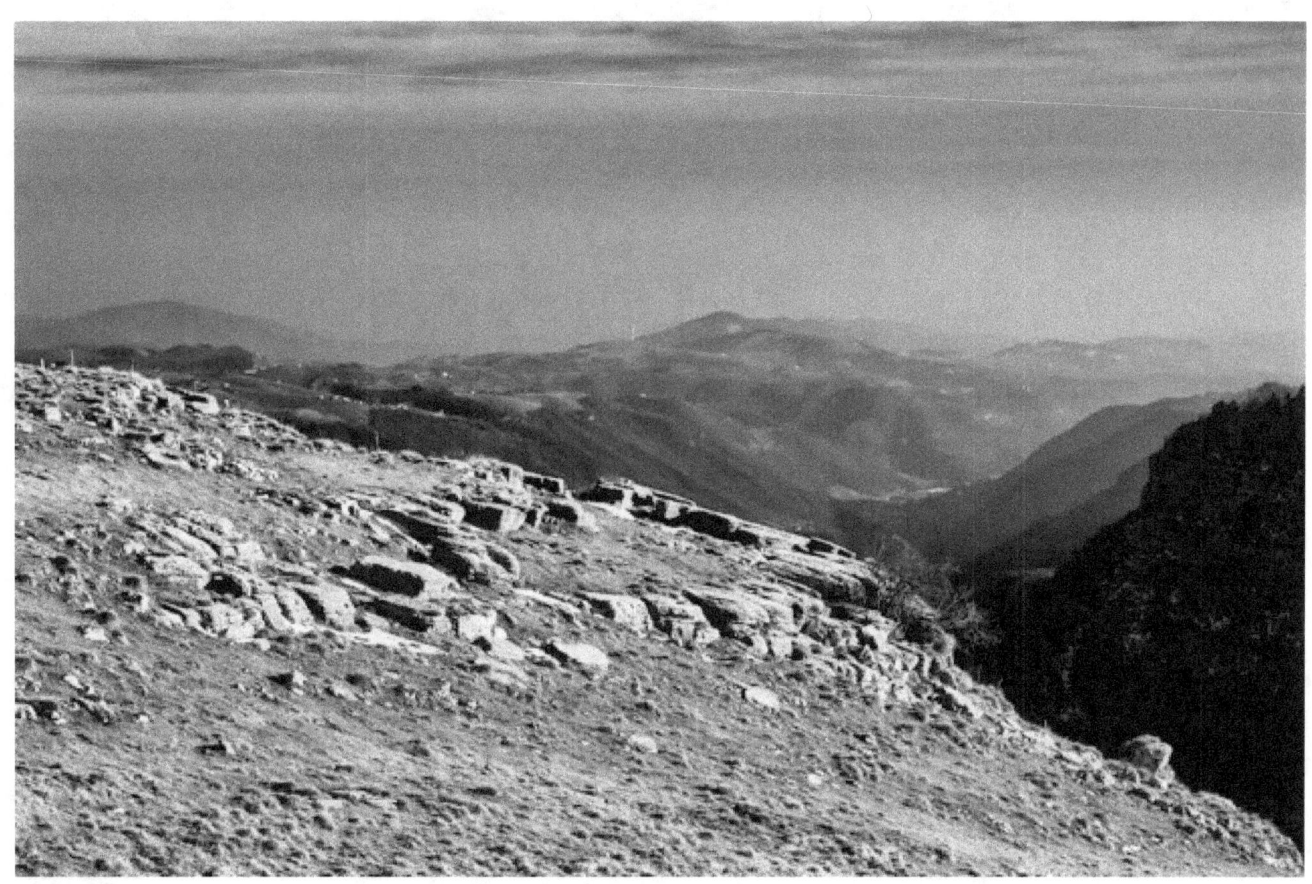

Paesaggio / Landscape, studio 05
Lessinia, 2011

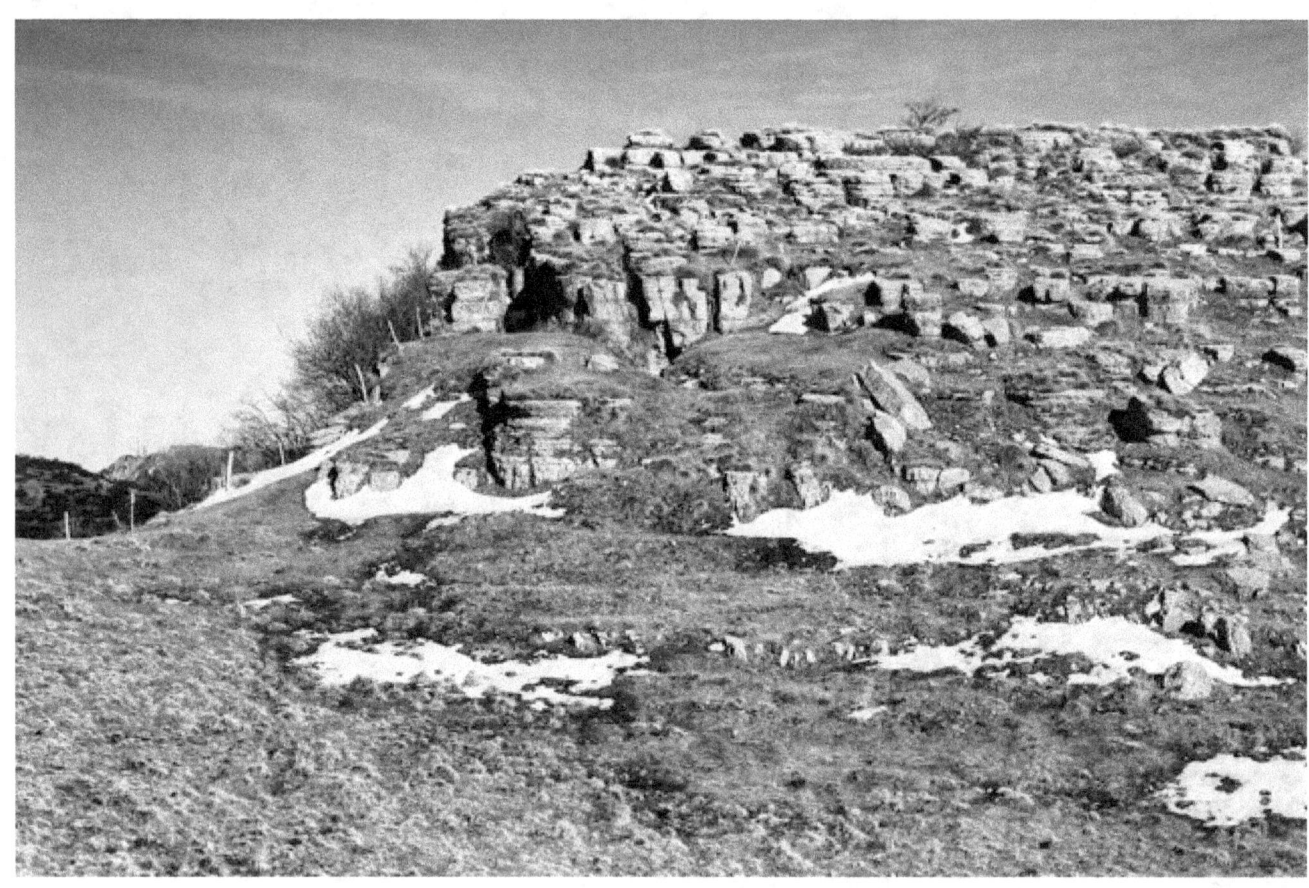

Paesaggio / Landscape, studio 06
Lessinia, 2012

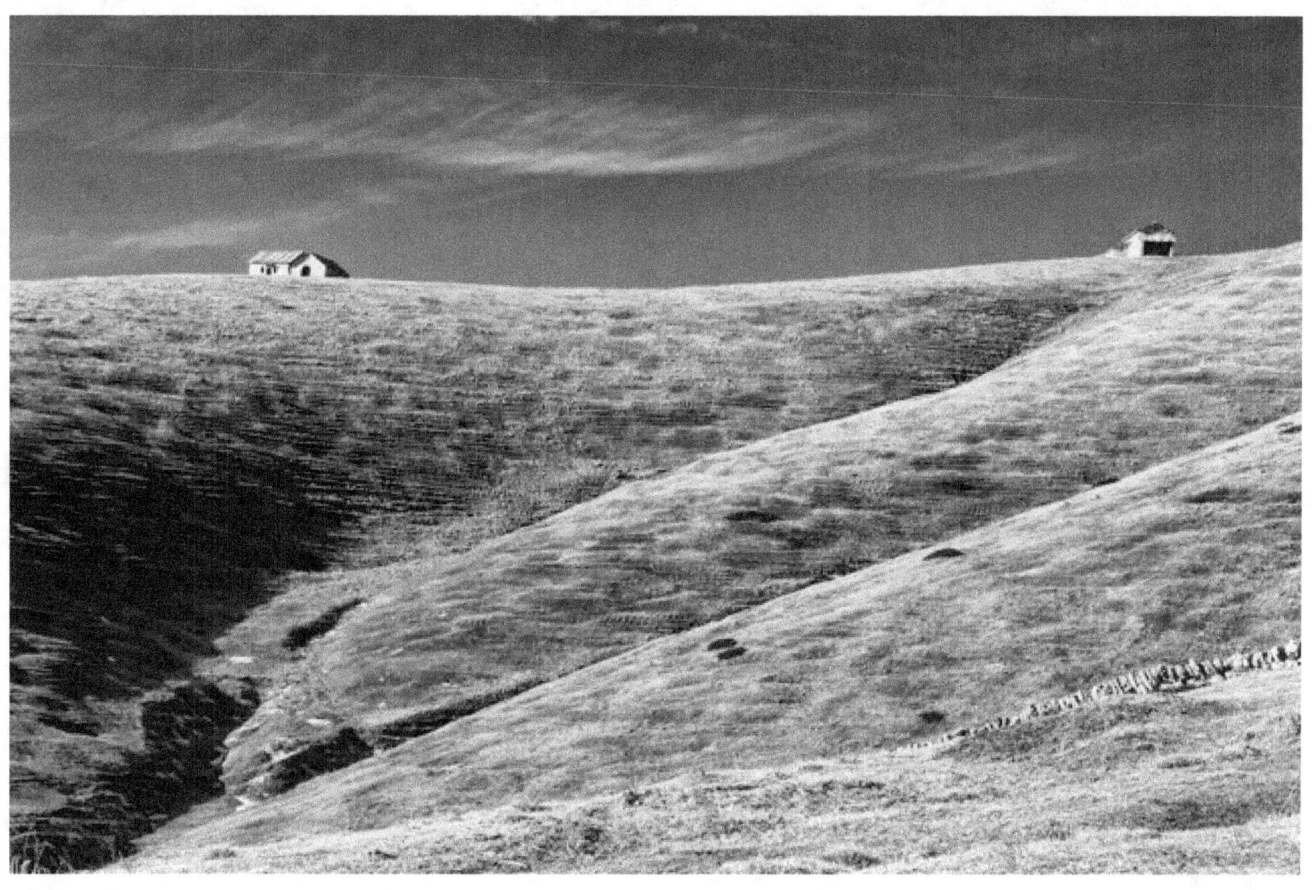

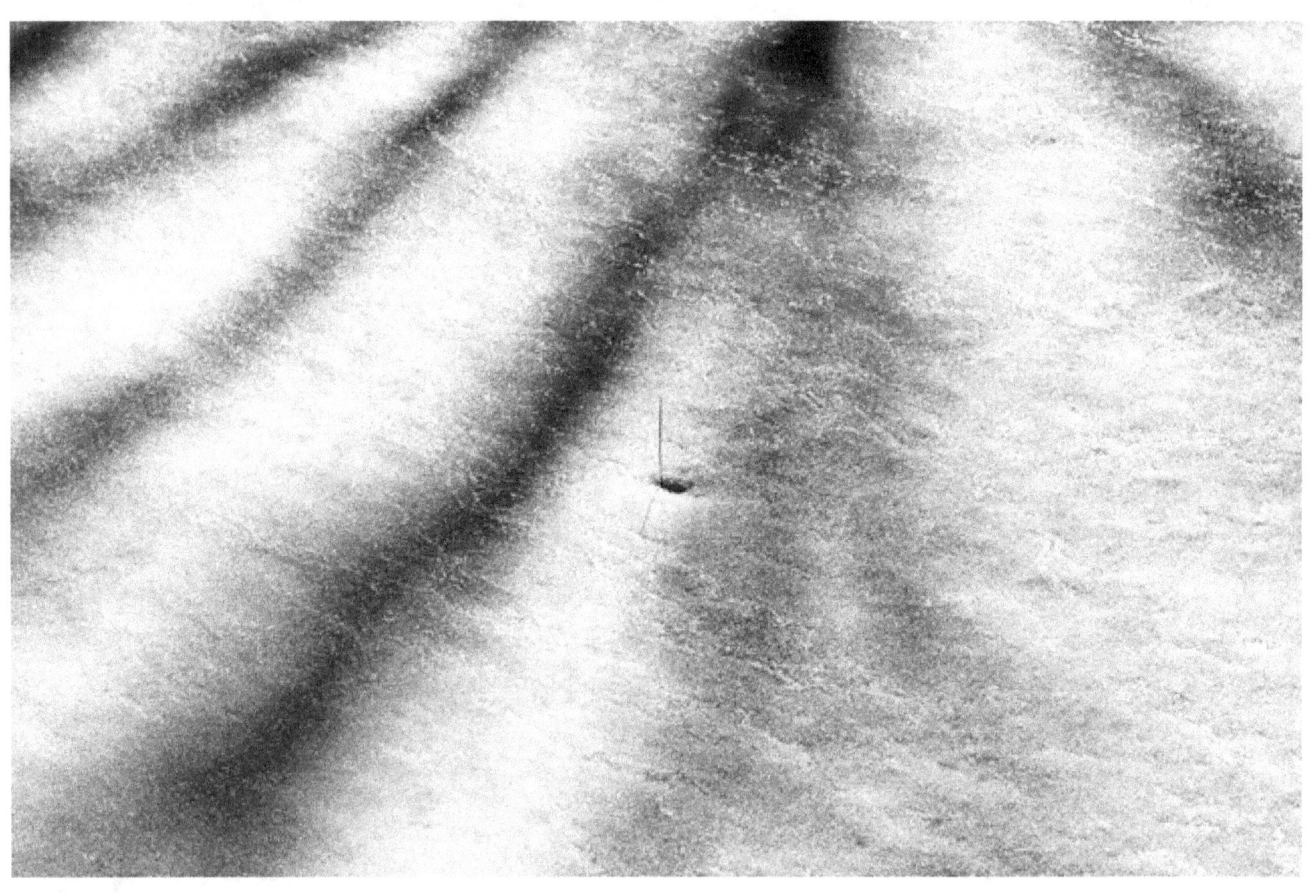

SECRET VISIONS
Verona Mountains Landscapes

Corrado Formentini

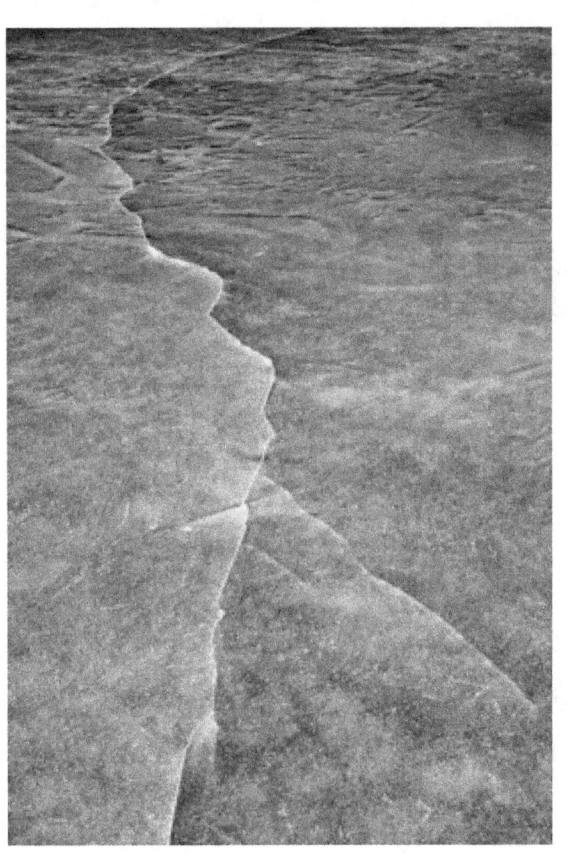

Ringraziamenti speciali a / *Special Thanks to :*

Lucia Amalia Maggio, *Art Director*
Isabella Formentini, *Publish Manager*

Contatti / *Contact* :

corrado.formentini@yahoo.com

Grazie / *Thank you.*